Dieses Buch Gehört zu:

_ _ _ _ _ _ _

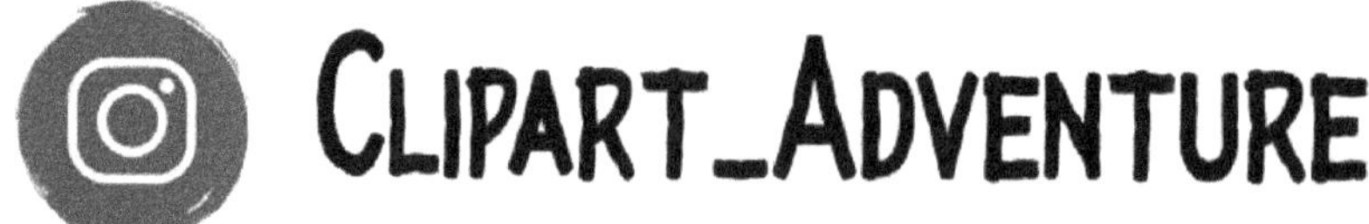
Clipart_Adventure

Die Kunst des Zeichnens

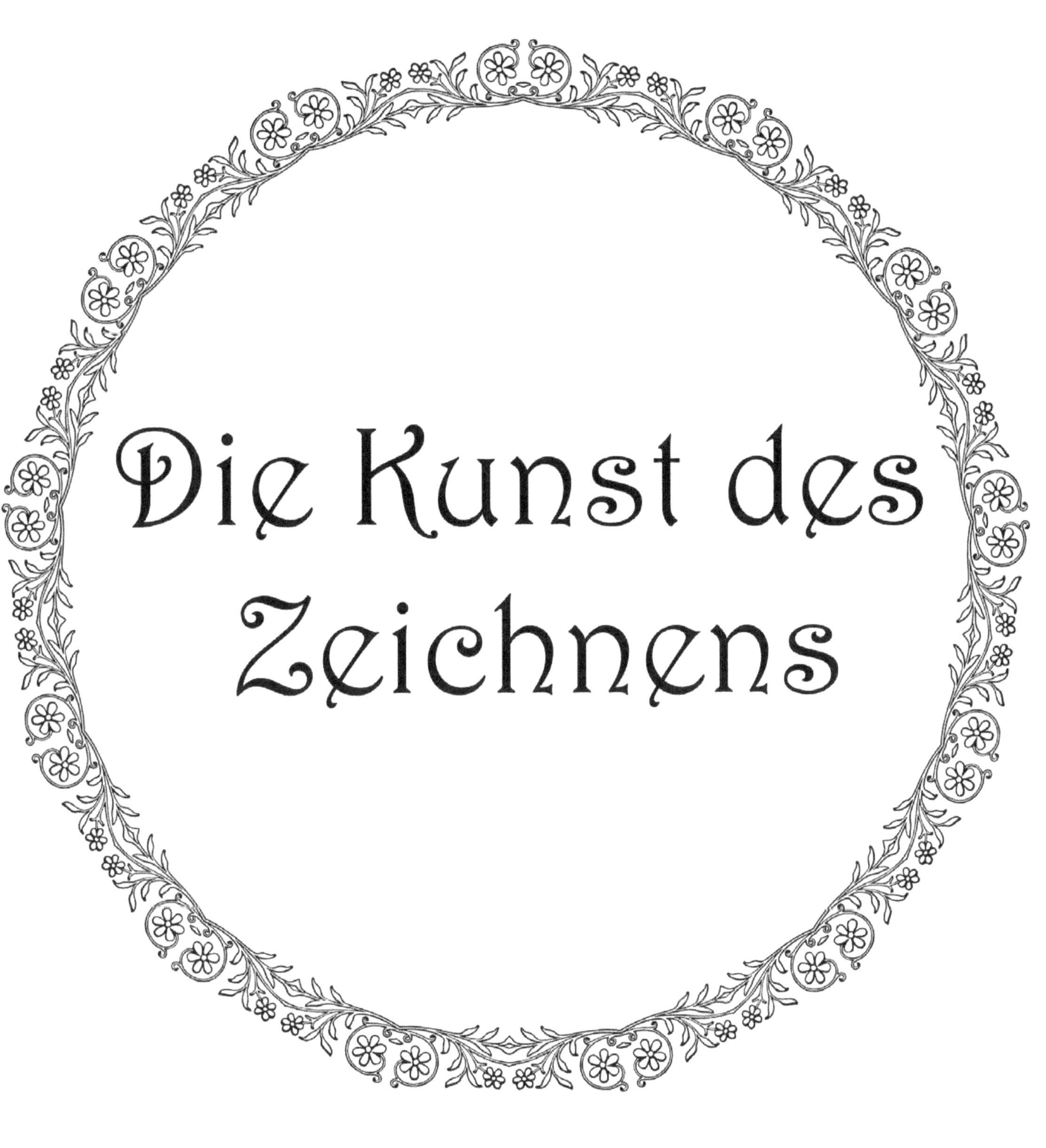

Zeichnen Lernen

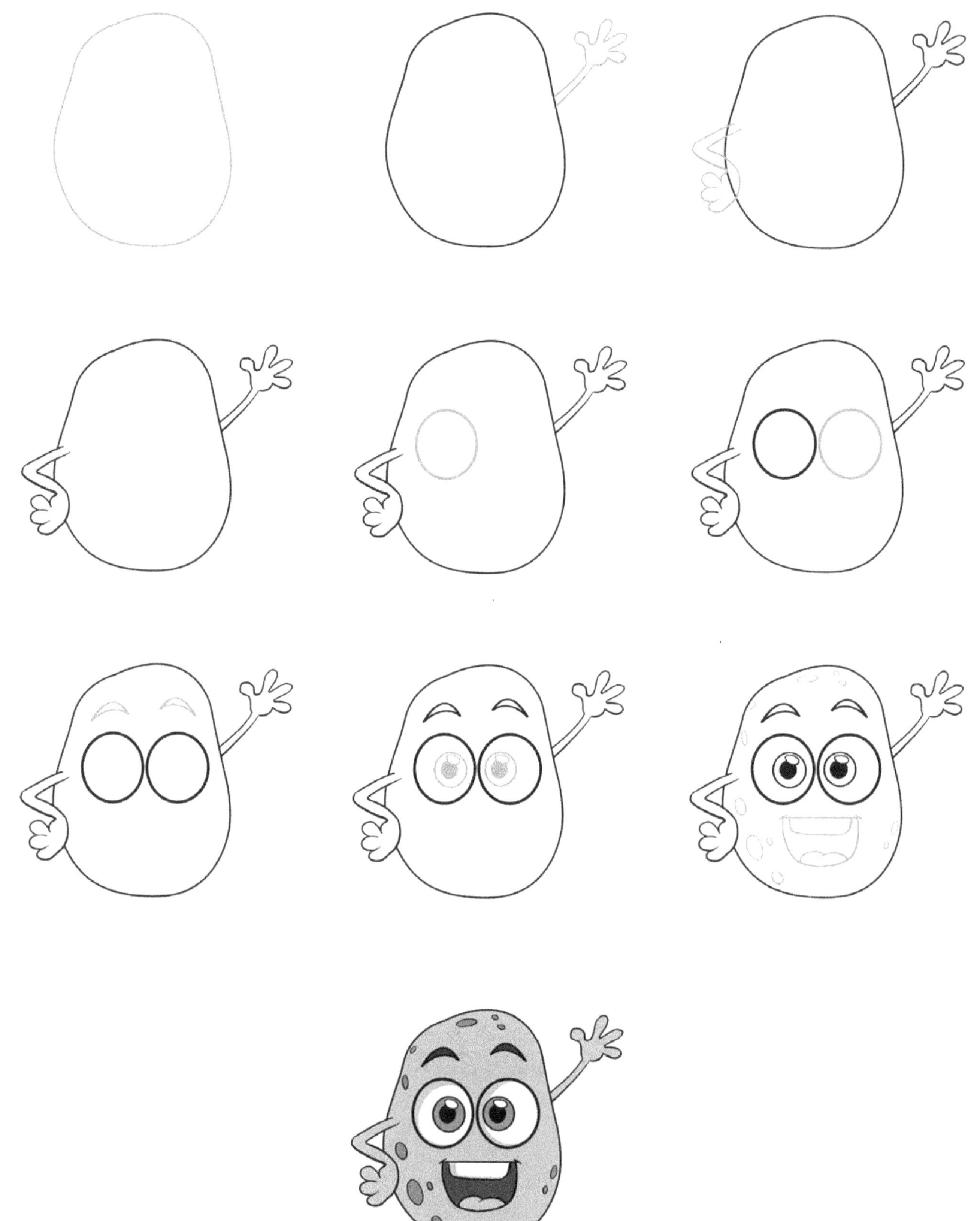

Jelzl Sind Sie Dran!

Zeichnen Lernen

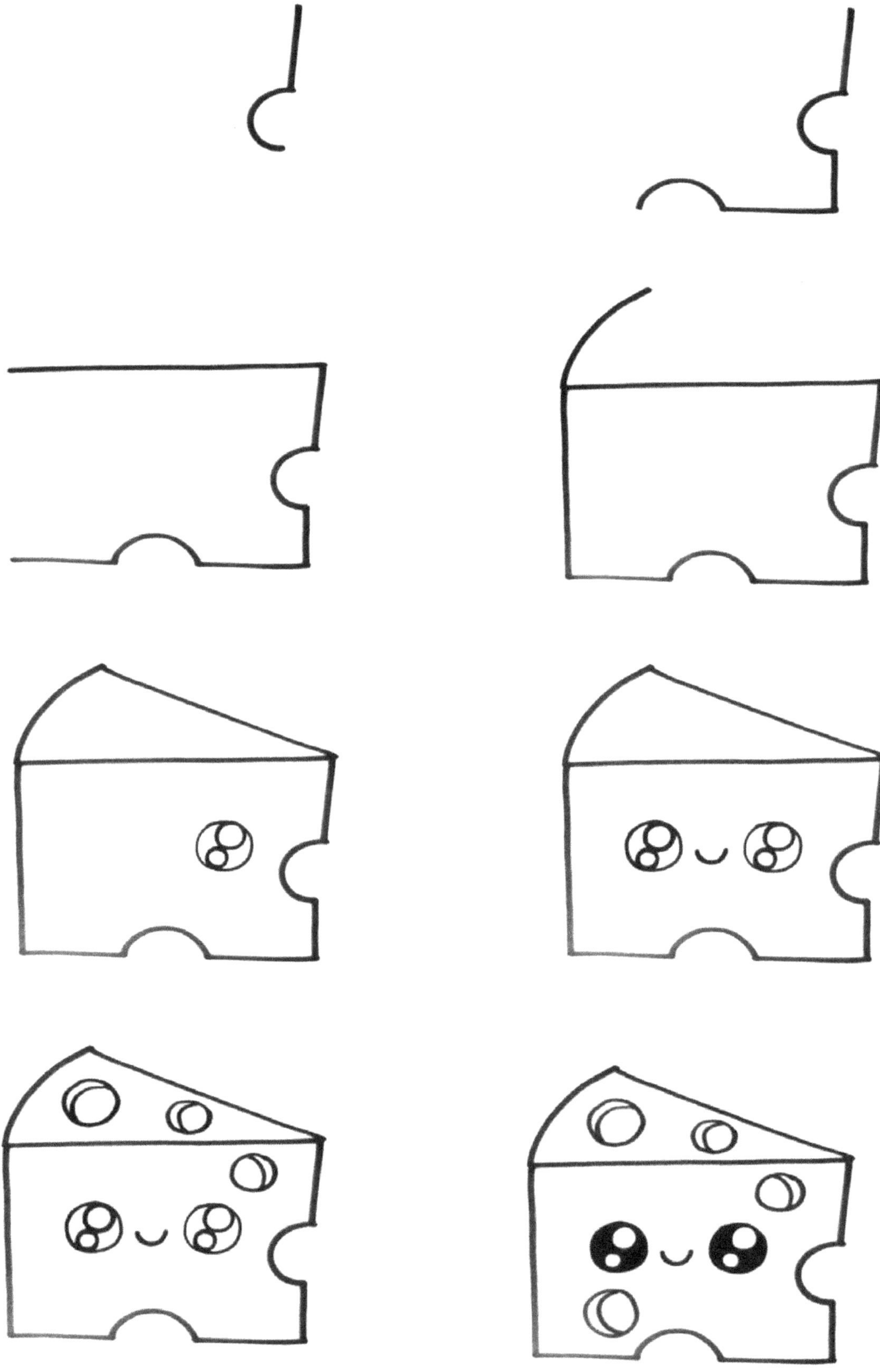

Jelzl Sind Sie Dran!

Zeichnen Lernen

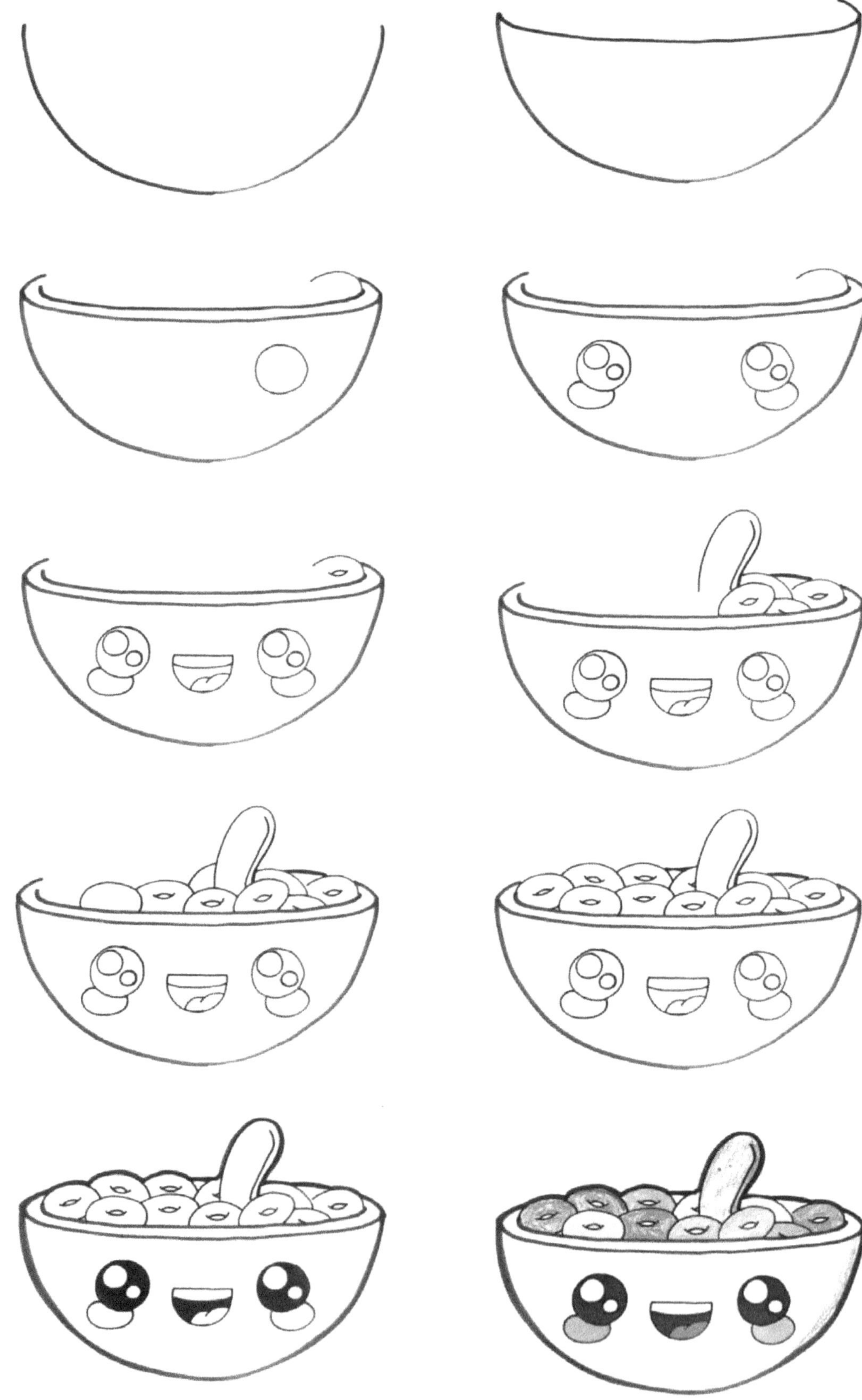

Jetzt Sind Sie Dran!

Zeichnen Lernen

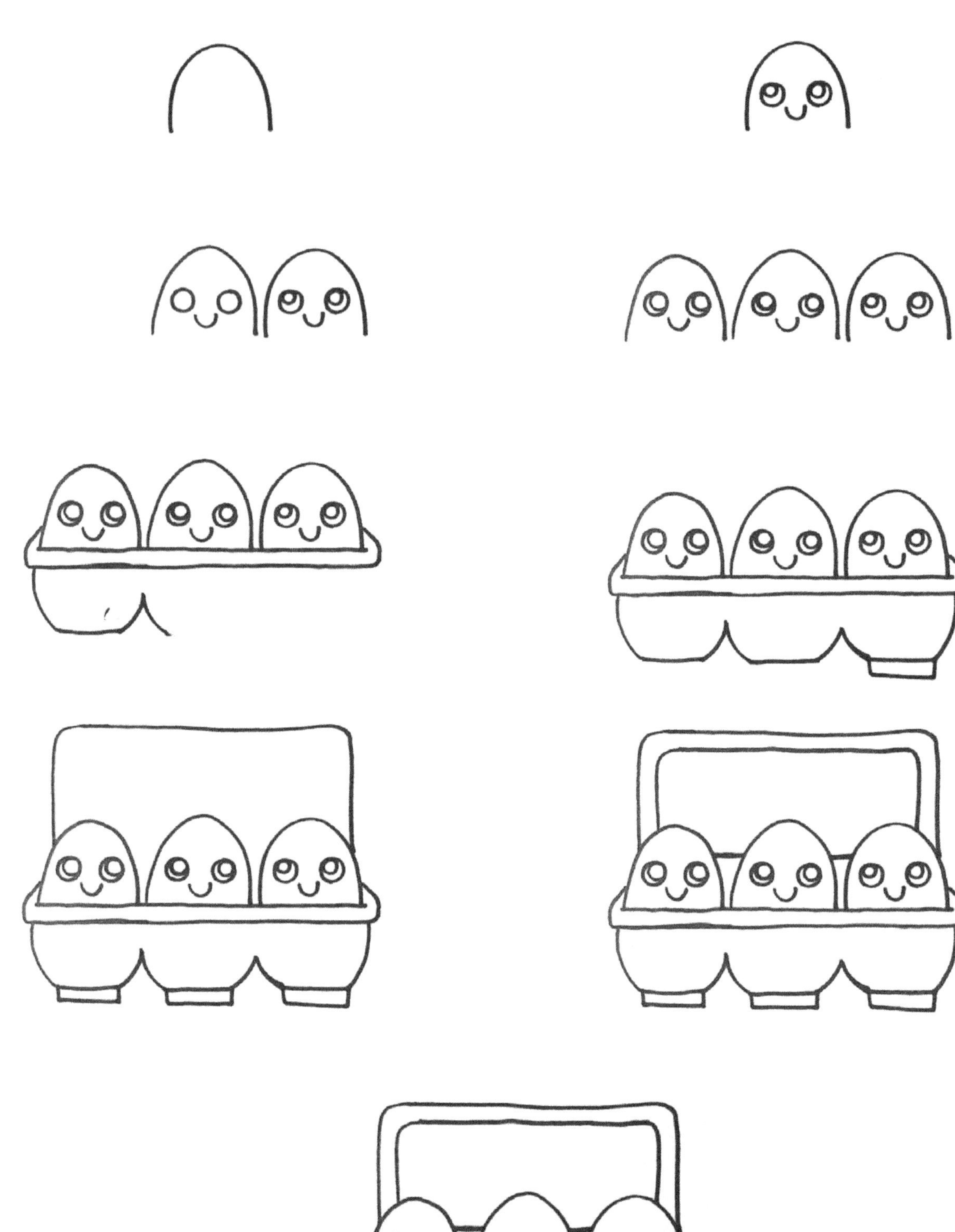

Jelzl Sind Sie Dran!

Zeichnen Lernen

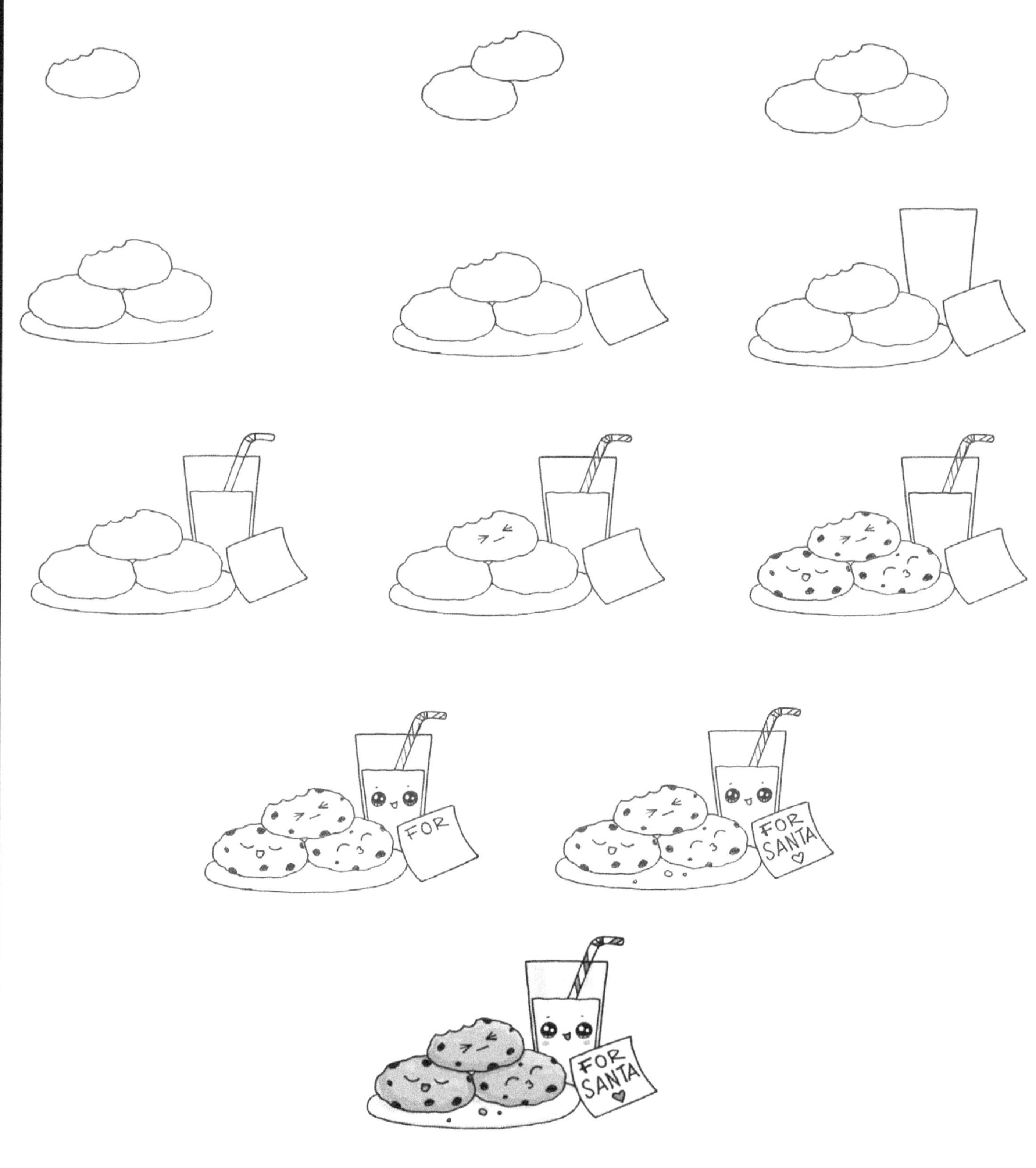

FOR
FOR SANTA ♡
FOR SANTA ♡

Jelzl Sind Sie Dran!

Zeichnen Lernen

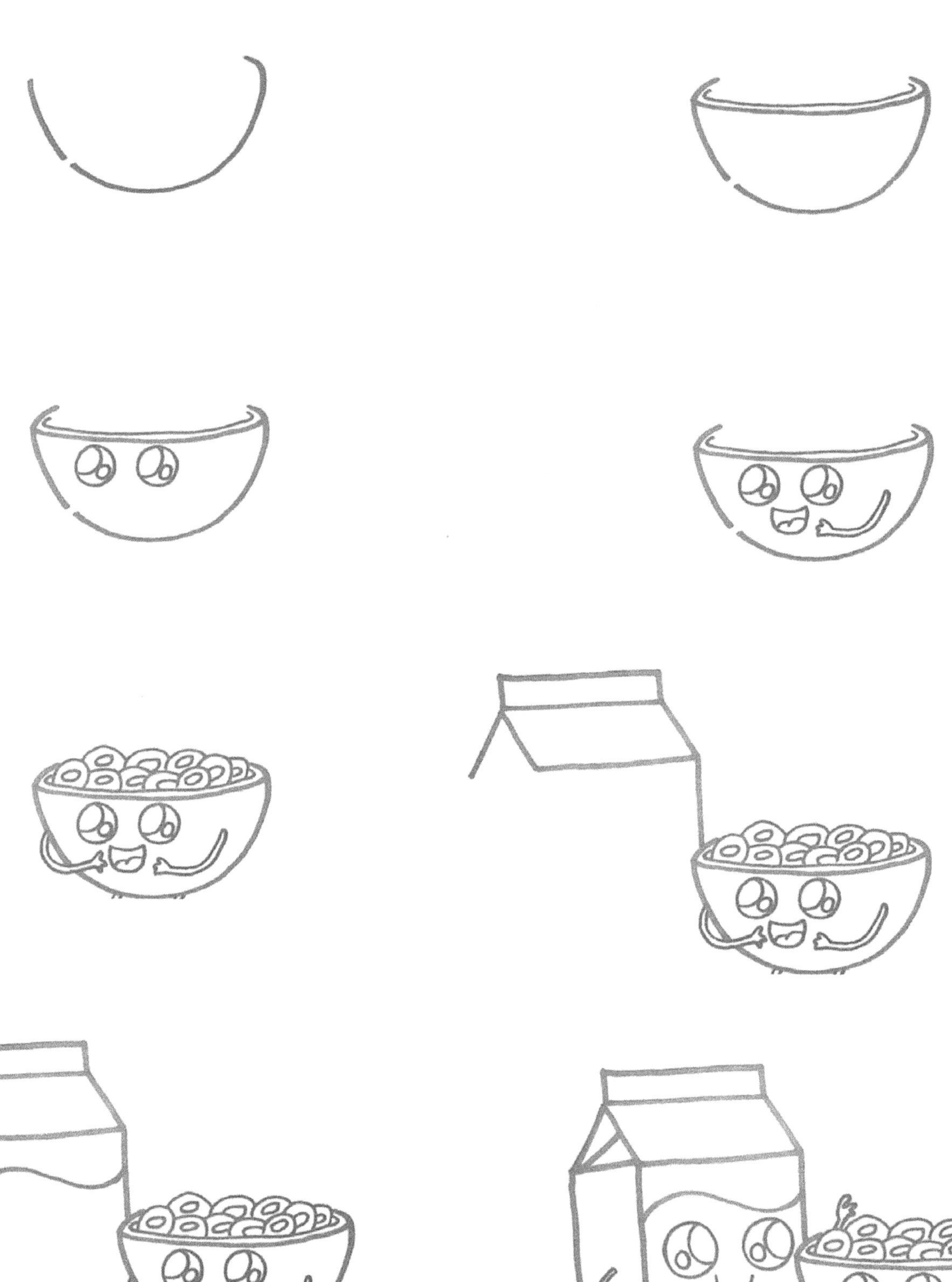

Zeichnen Lernen

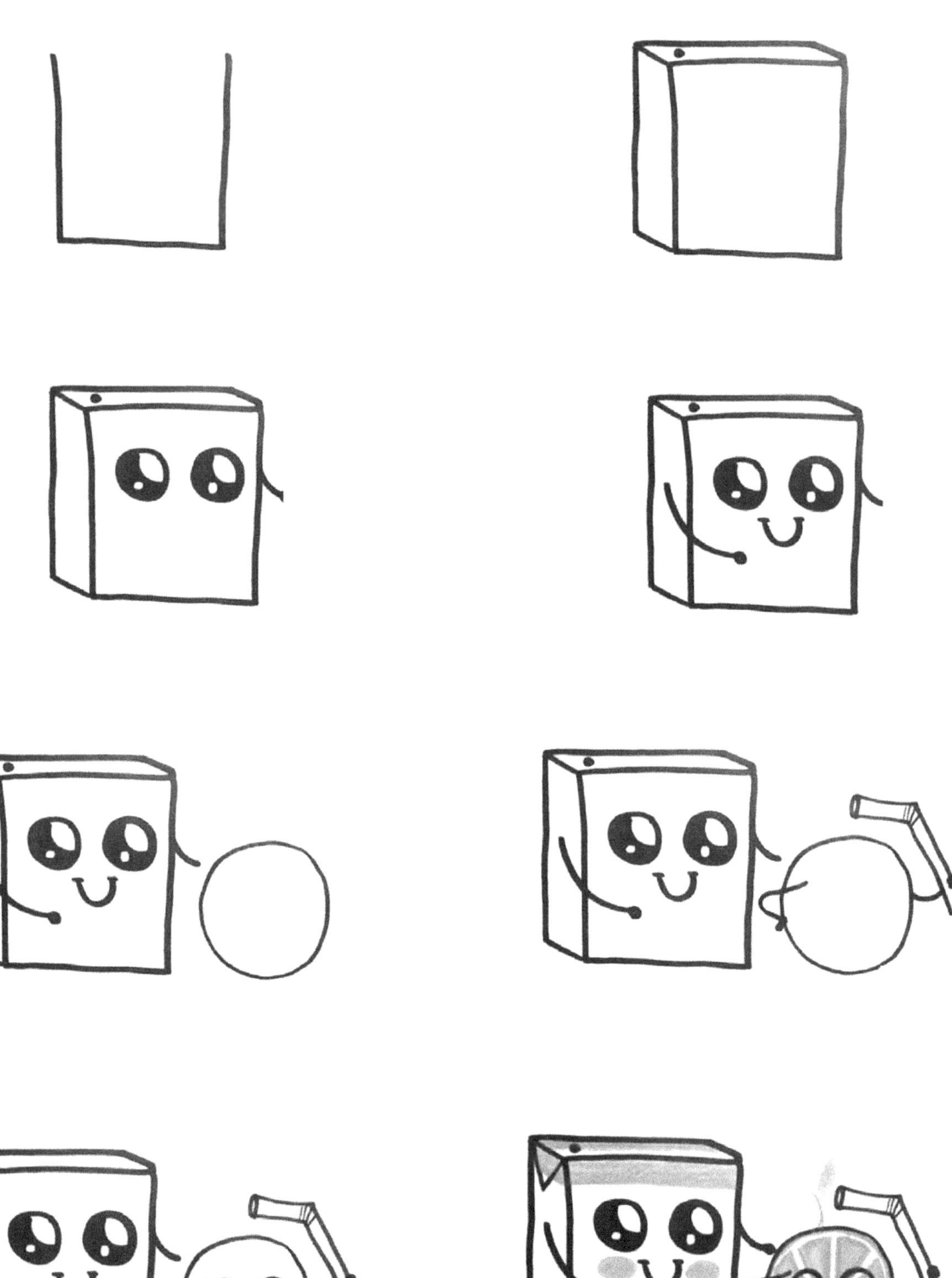

Jetzt Sind Sie Dran!

Zeichnen Lernen

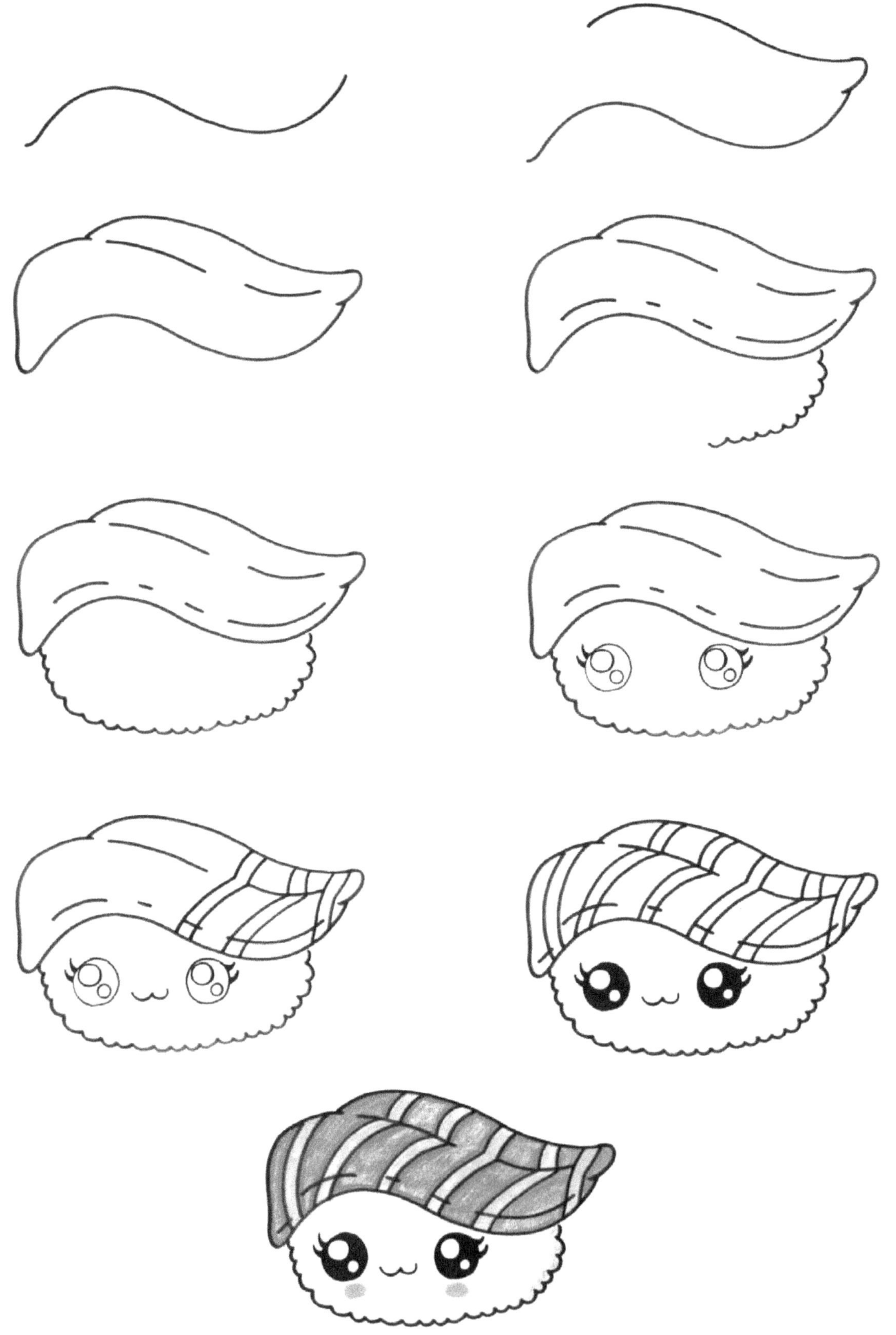

Jetzt Sind Sie Dran!

Zeichnen Lernen

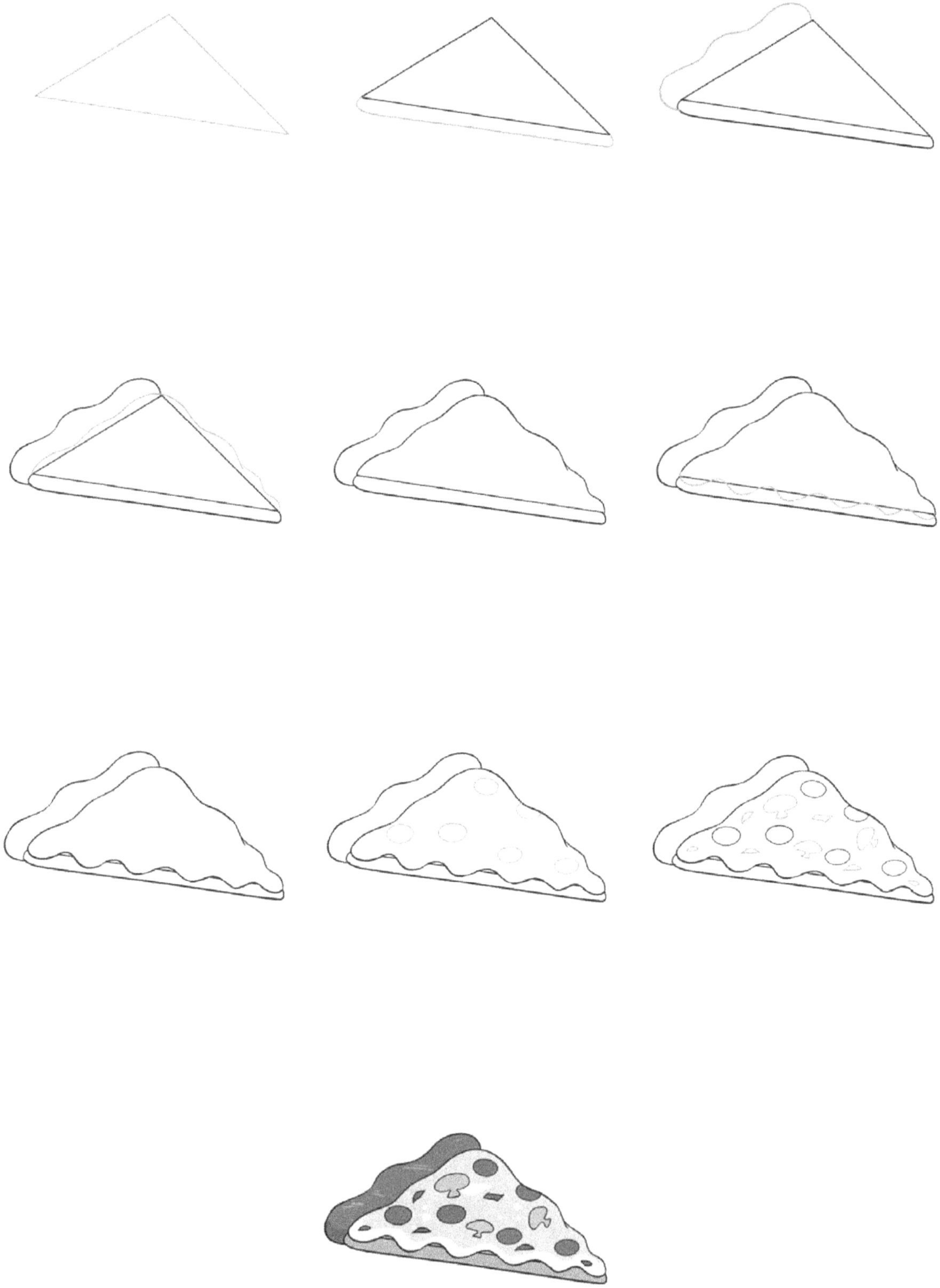

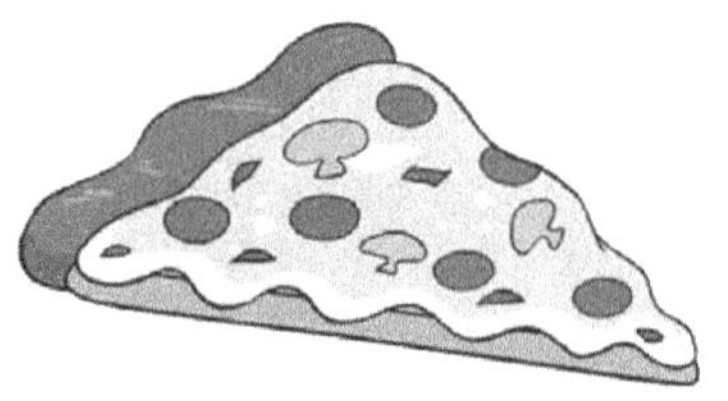

Jetzt Sind Sie Dran!

Zeichnen Lernen

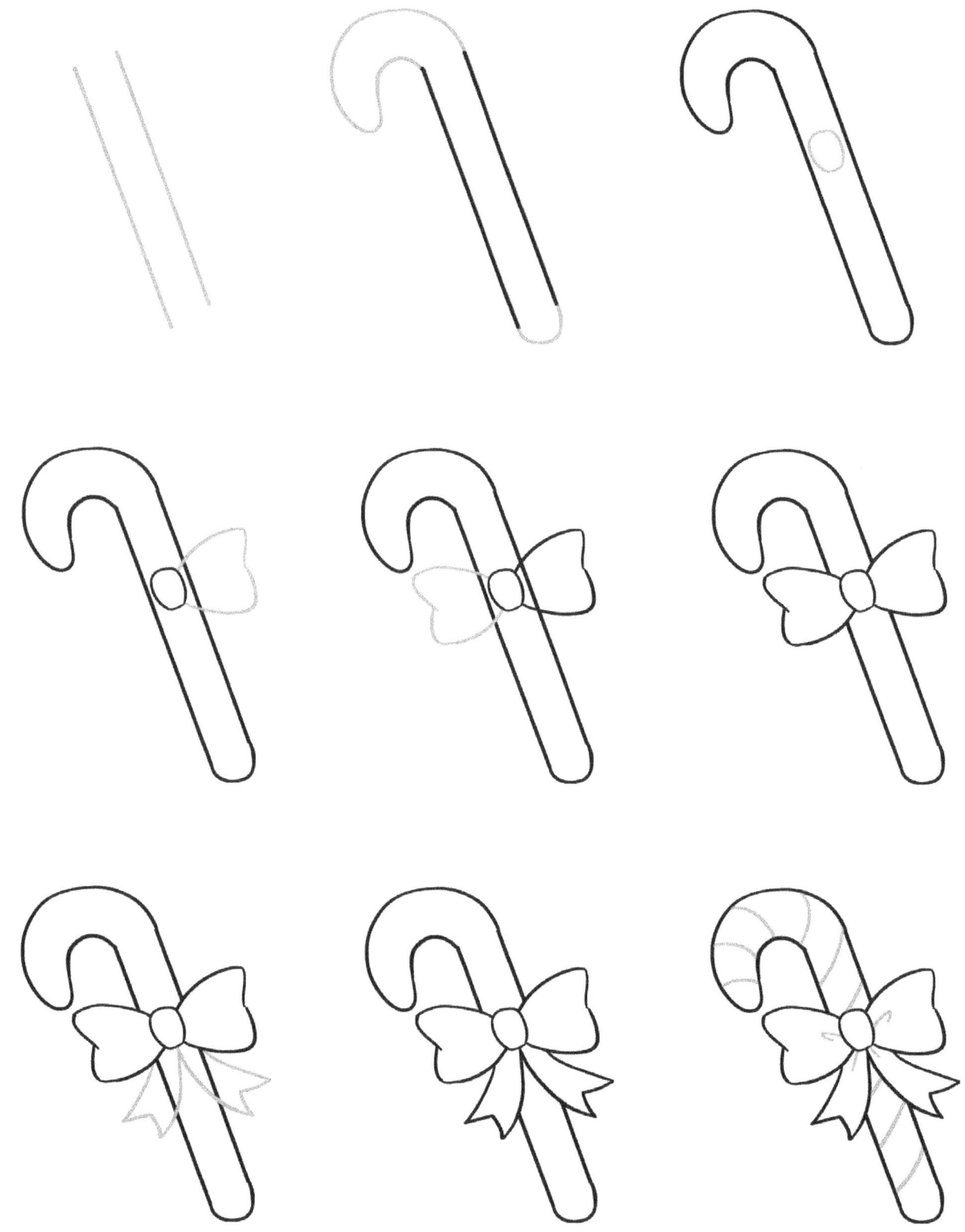

Zeichnen Lernen

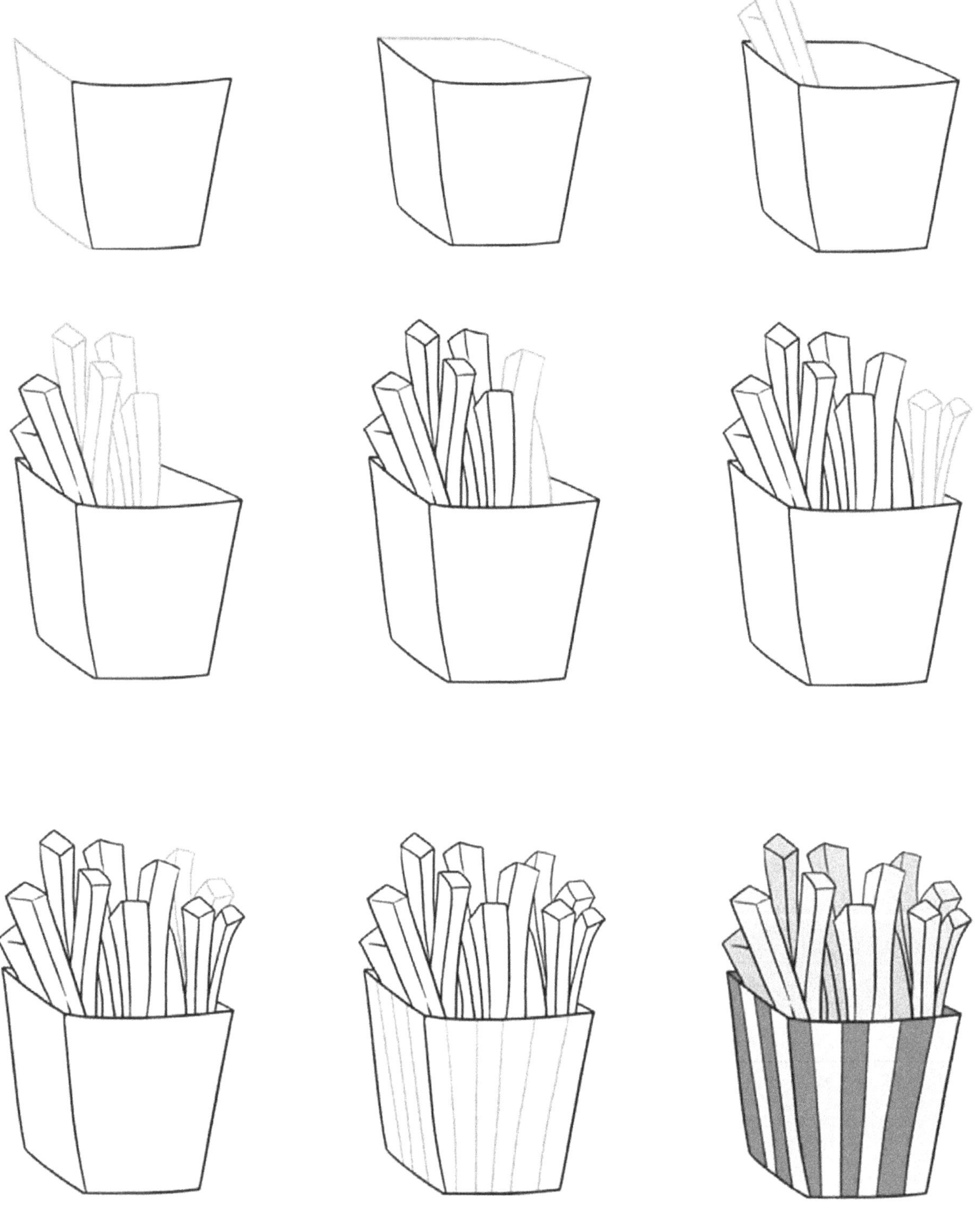

Jetzt Sind Sie Dran!

Zeichnen Lernen

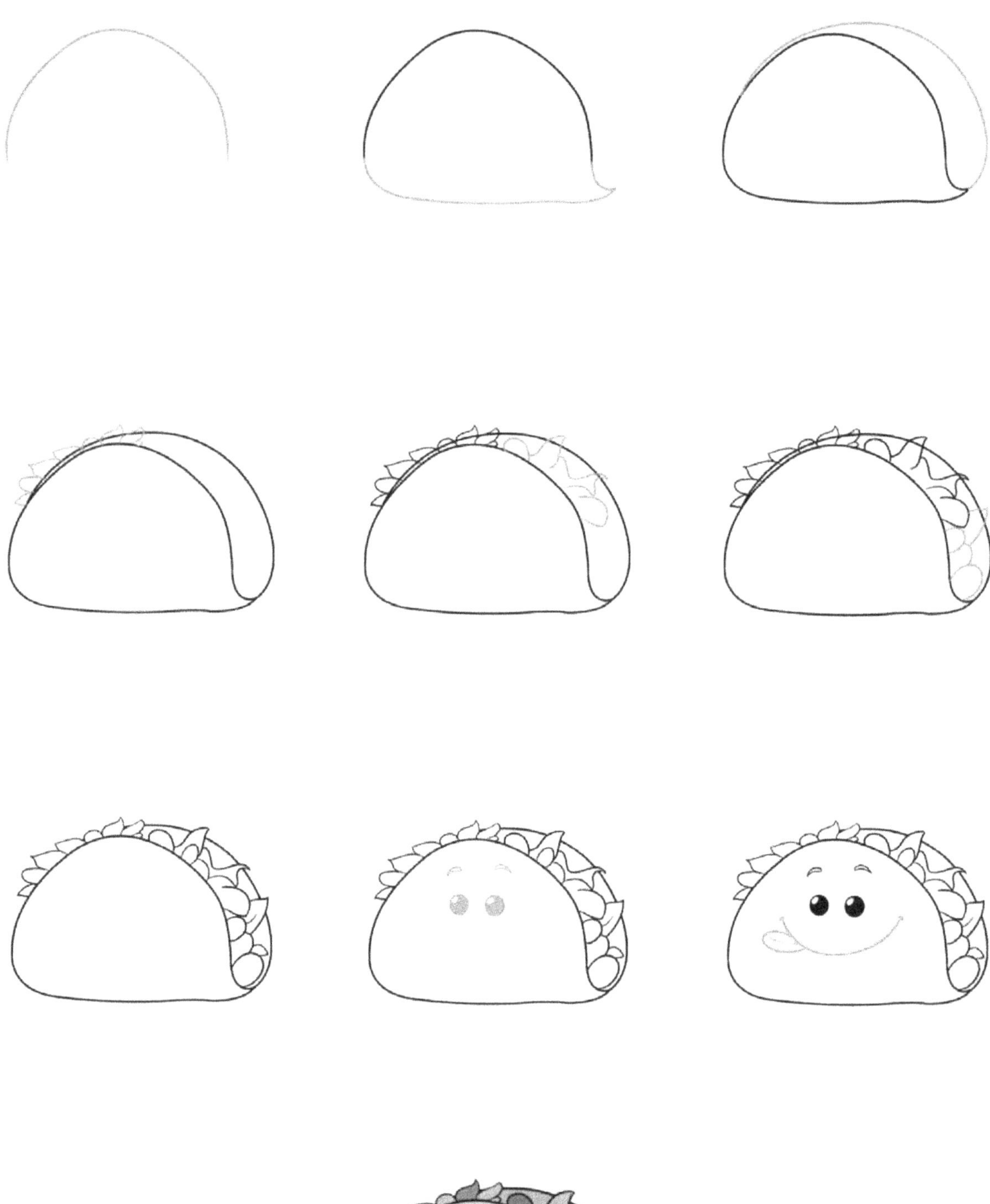

Jetzt Sind Sie Dran!

Zeichnen Lernen

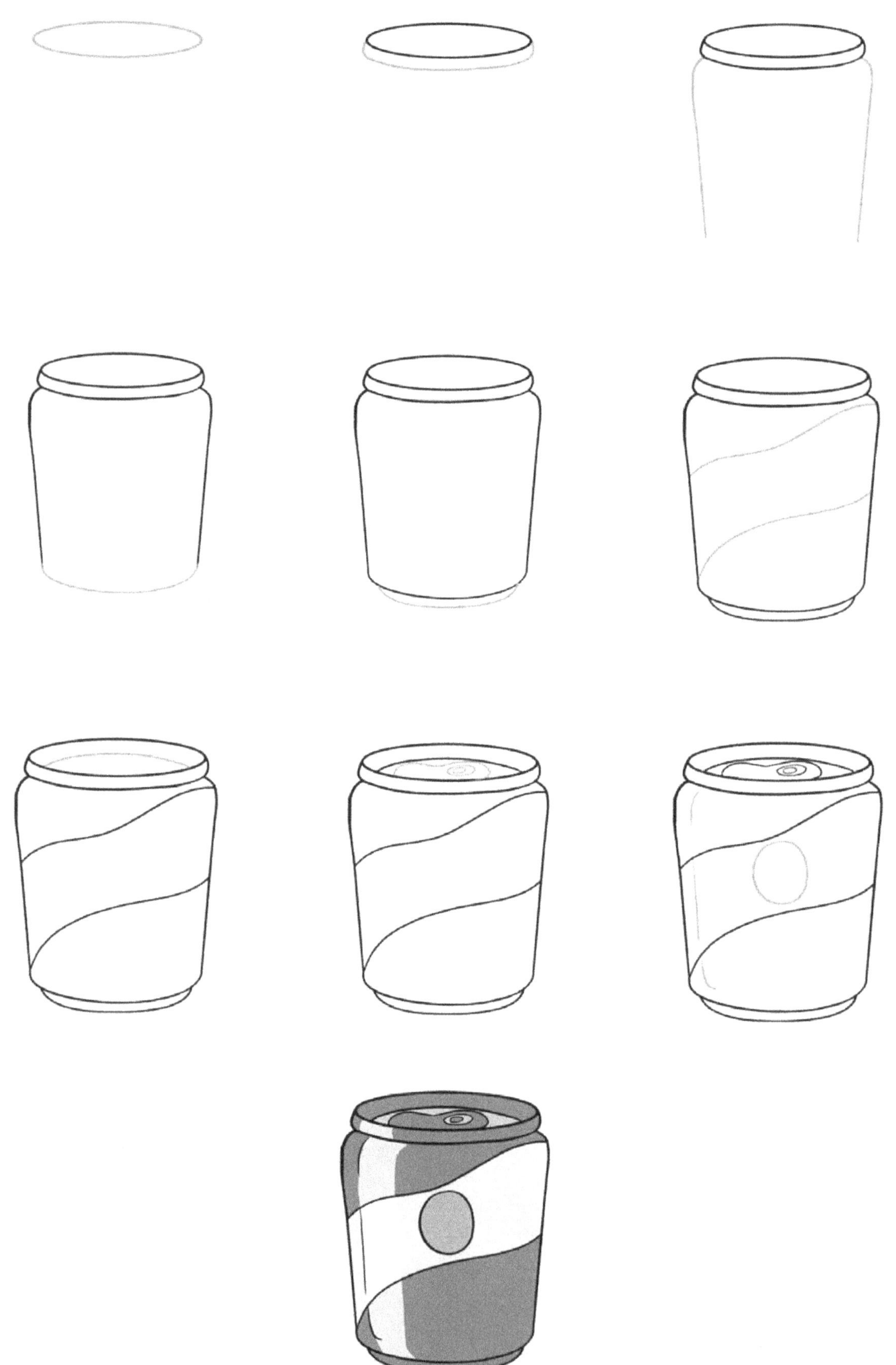

Jetzt Sind Sie Dran!

Zeichnen Lernen

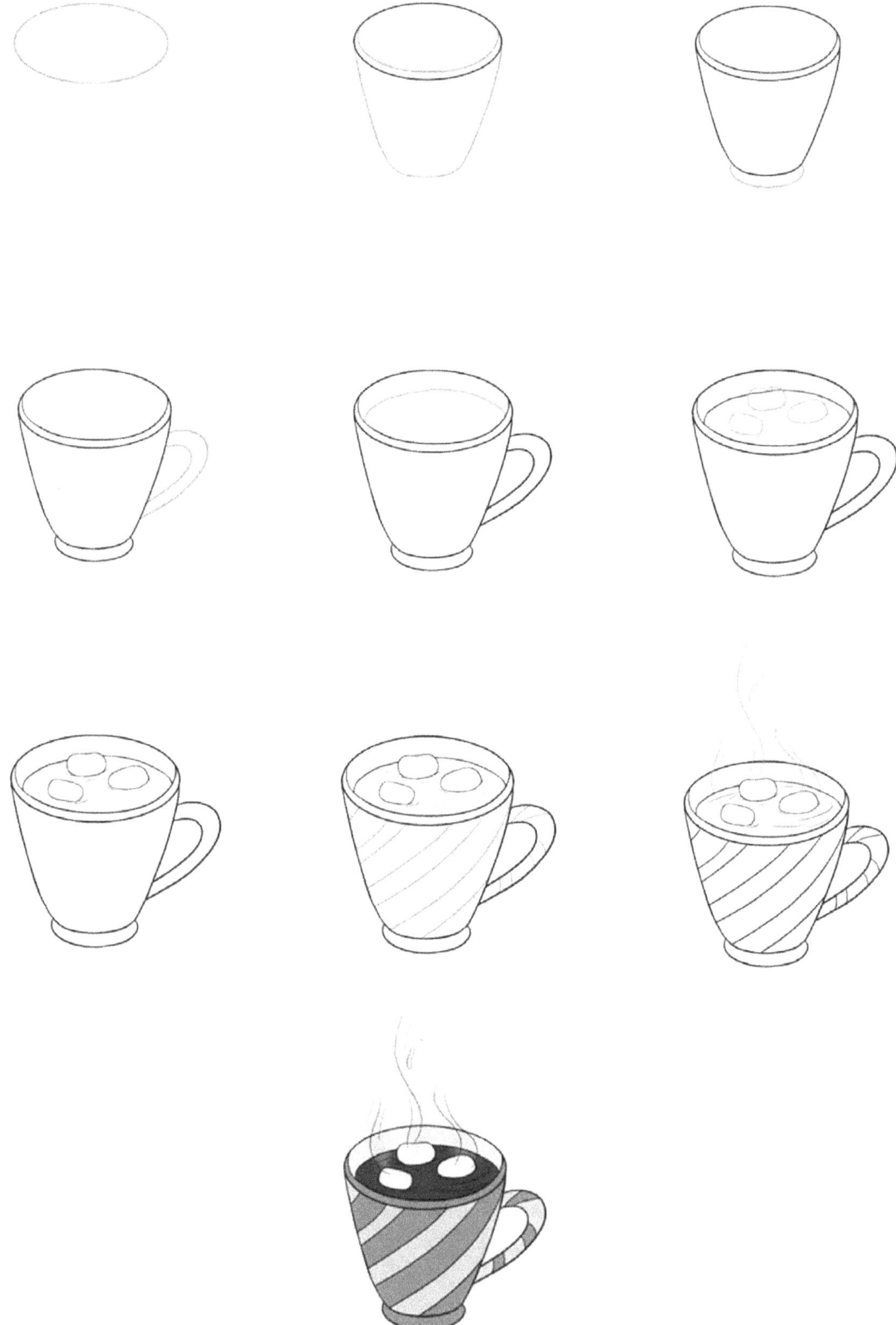

Jelzl Sind Sie Dran!

Zeichnen Lernen

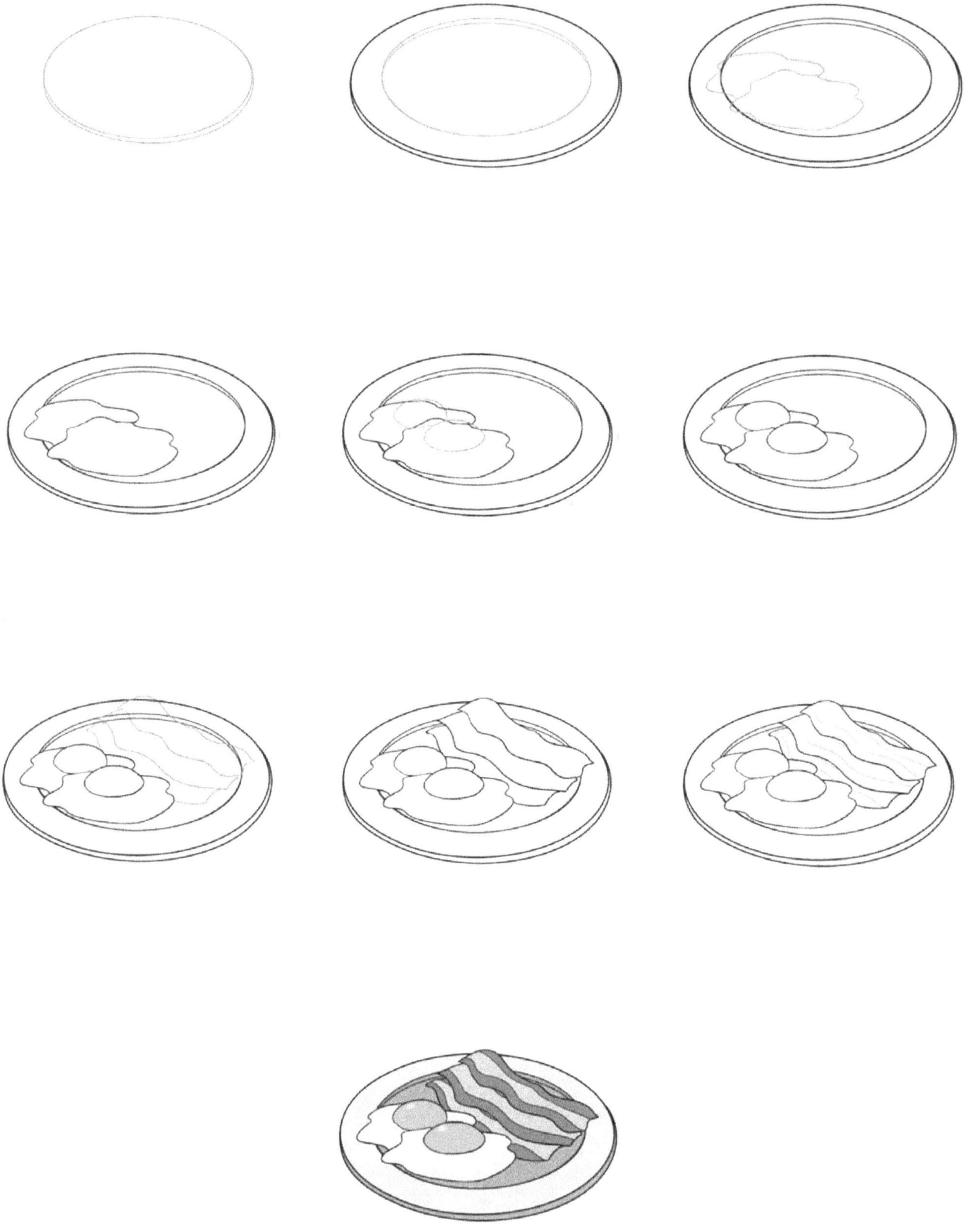

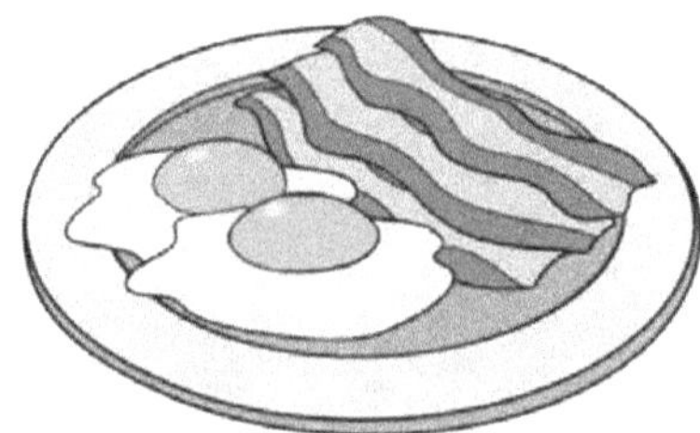

Jelzl Sind Sie Dran!

Zeichnen Lernen

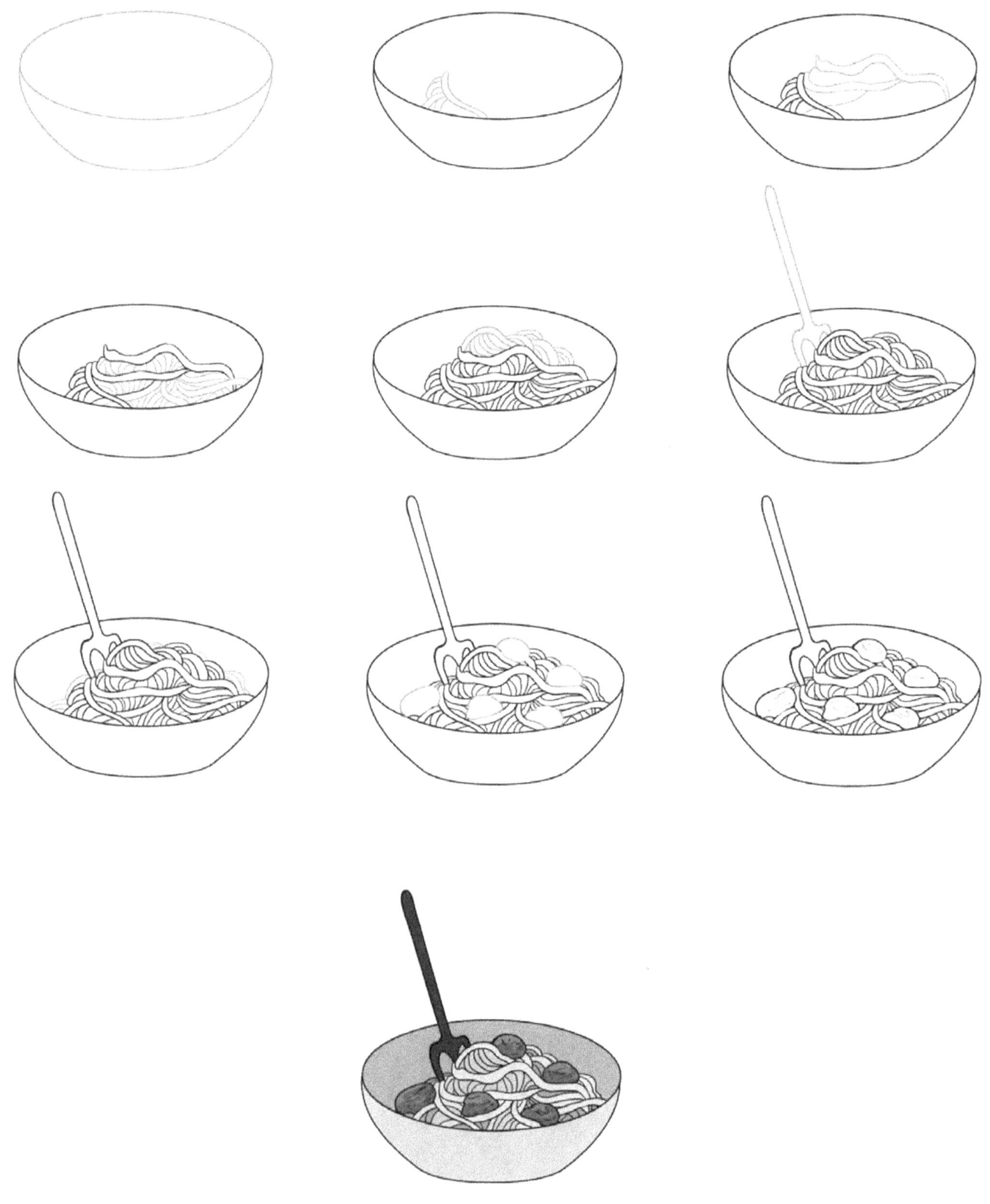

Jetzt Sind Sie Dran!

Zeichnen Lernen

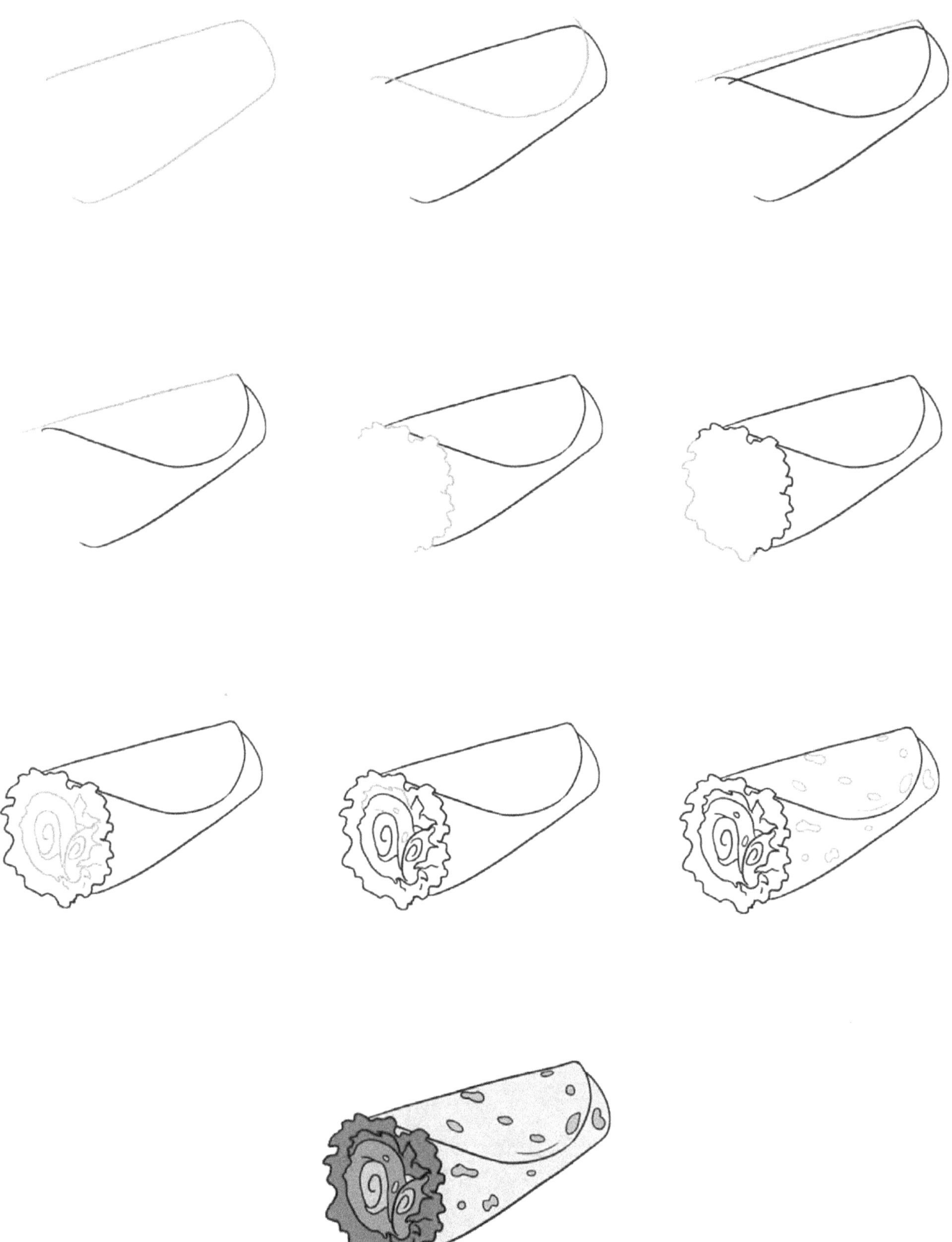

Jetzt Sind Sie Dran!

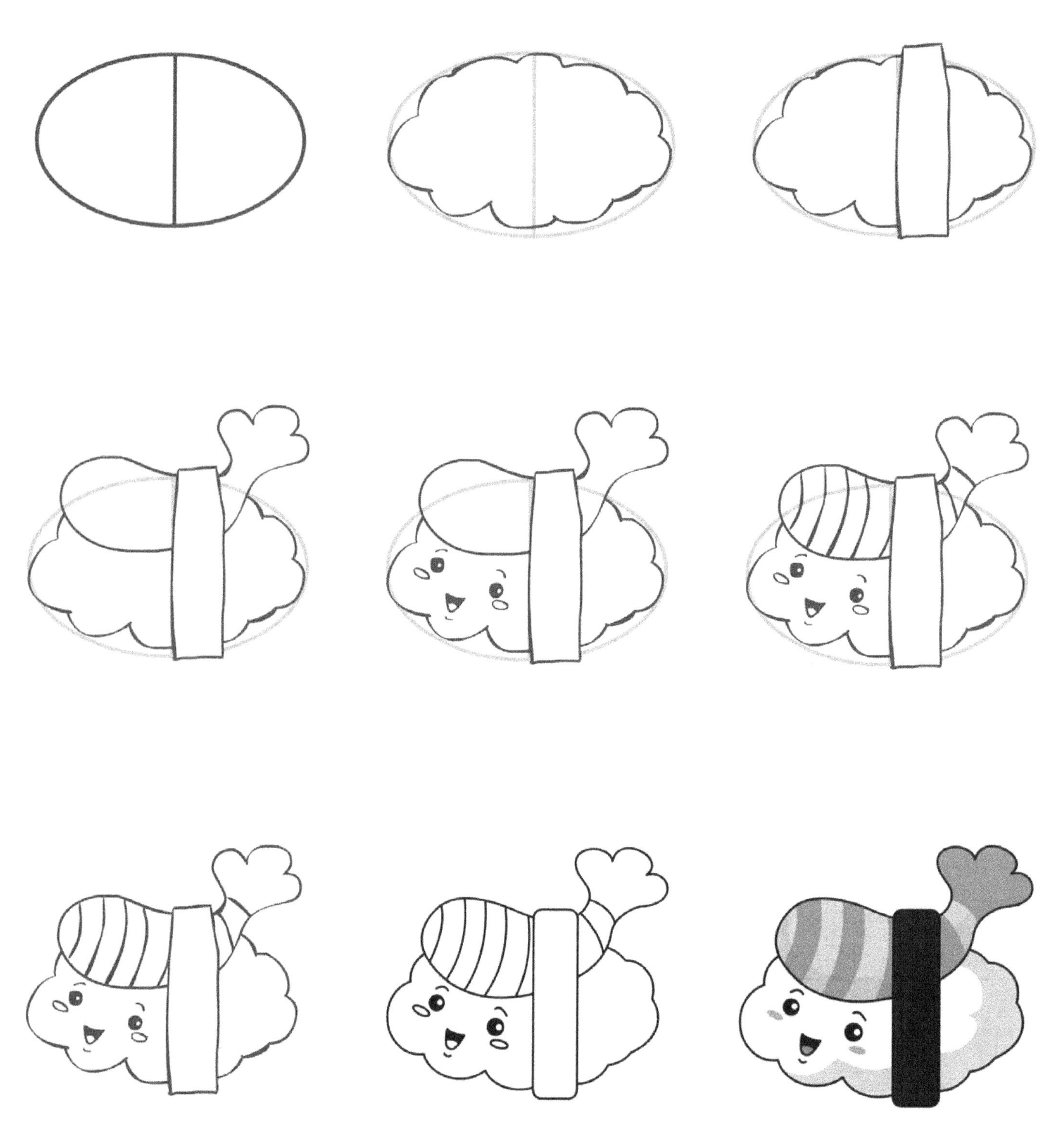

Zeichnen Lernen

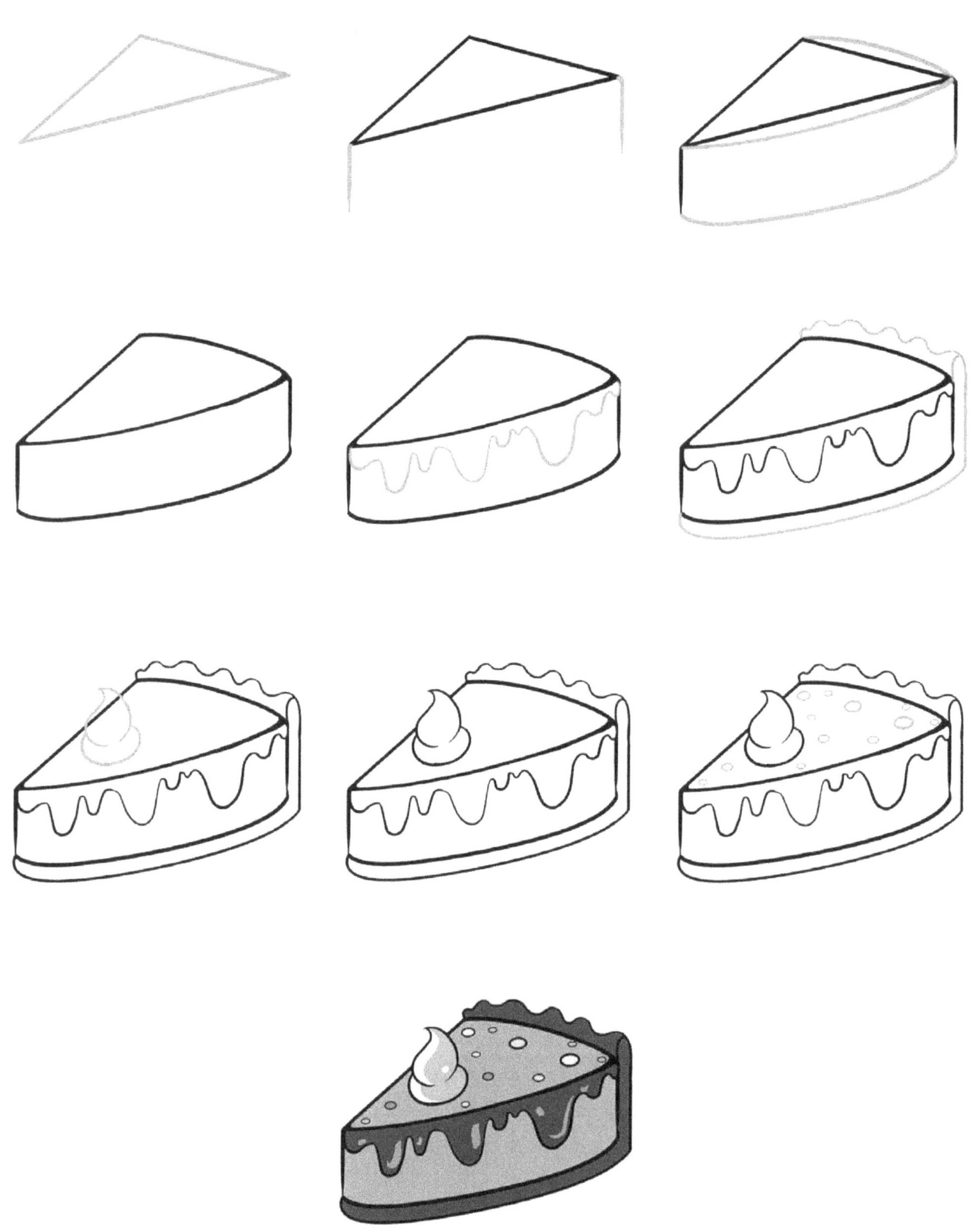

Jetzt Sind Sie Dran!

Zeichnen Lernen

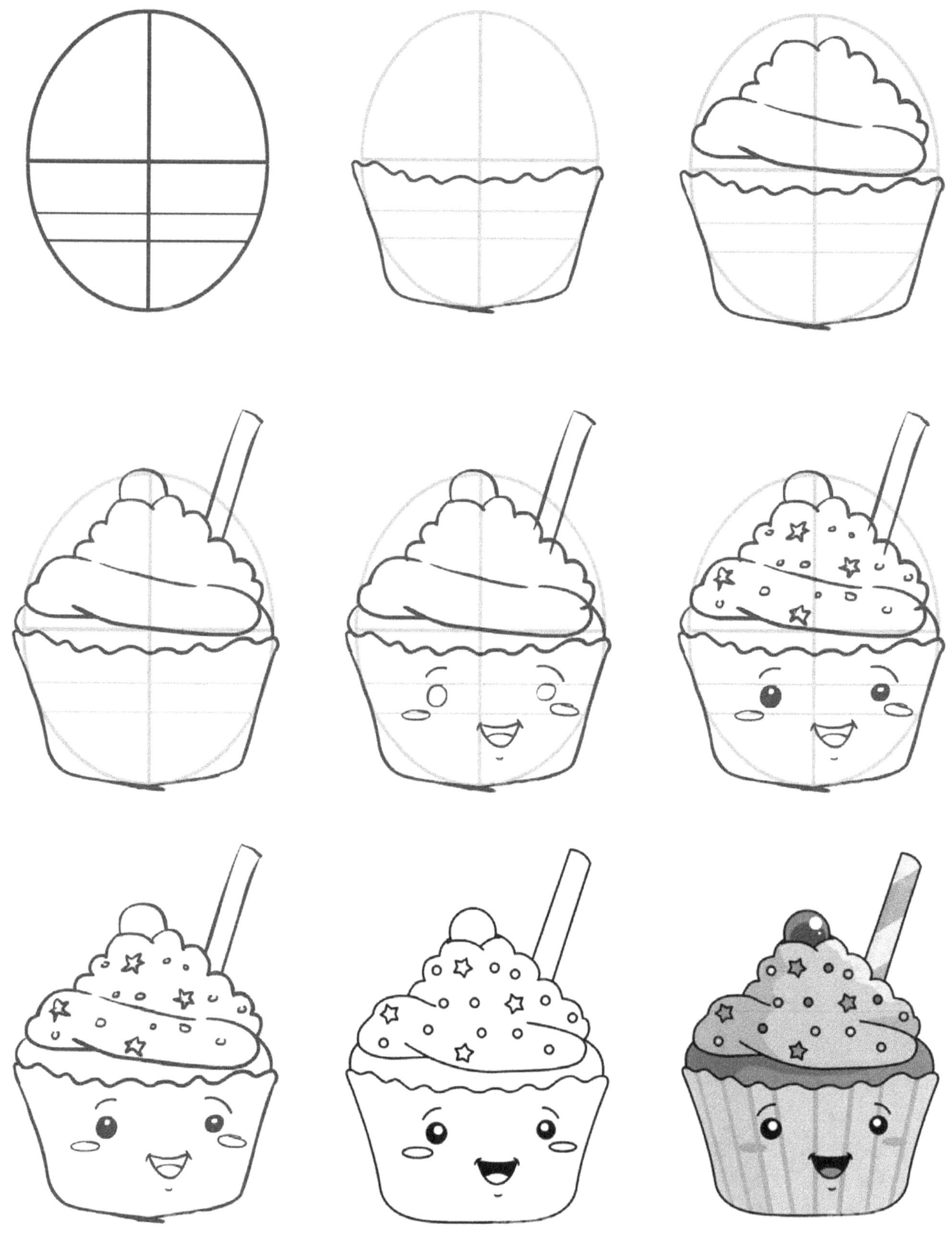

Zeichnen Lernen

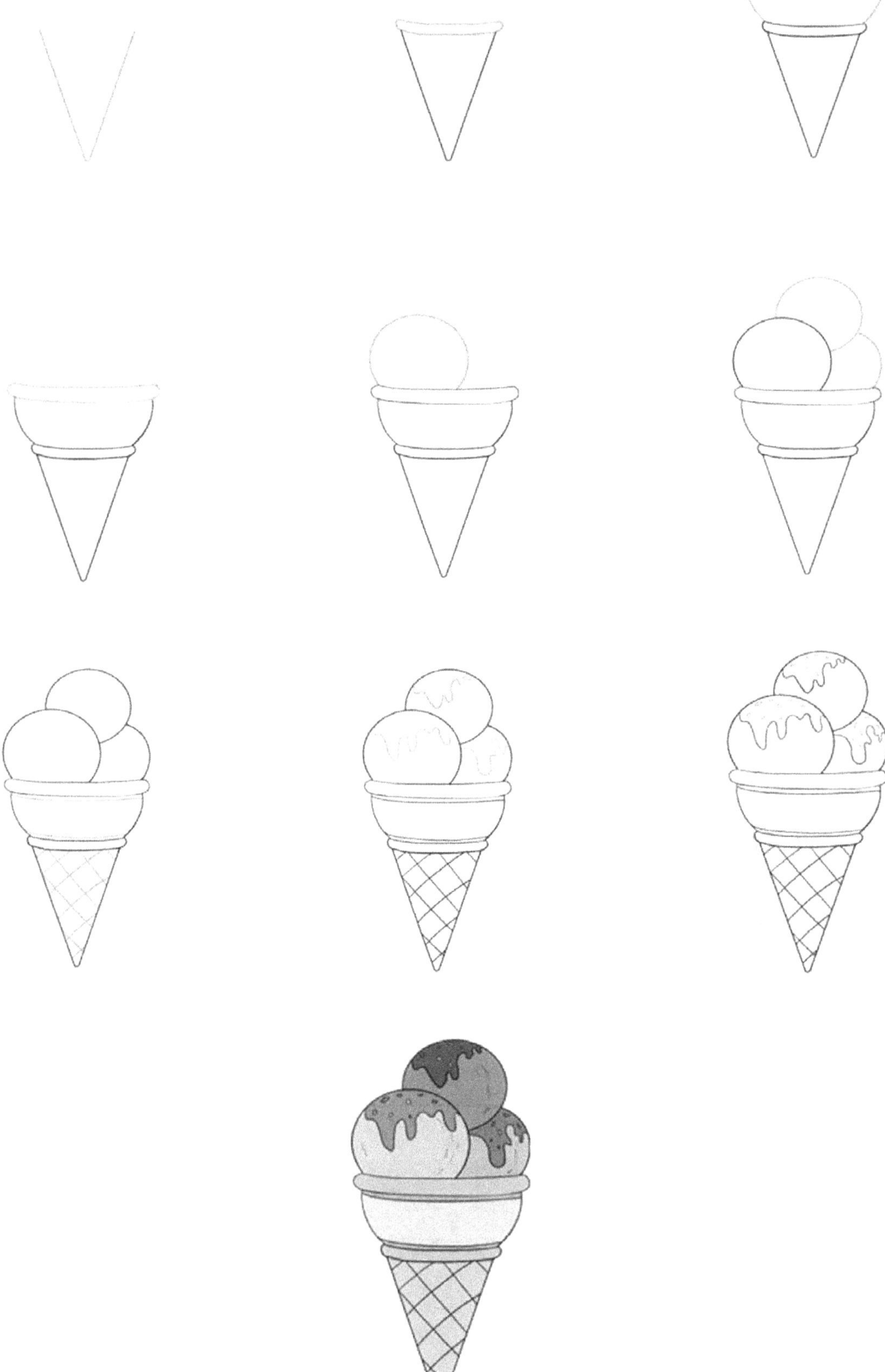

Jetzt Sind Sie Dran!

Zeichnen Lernen

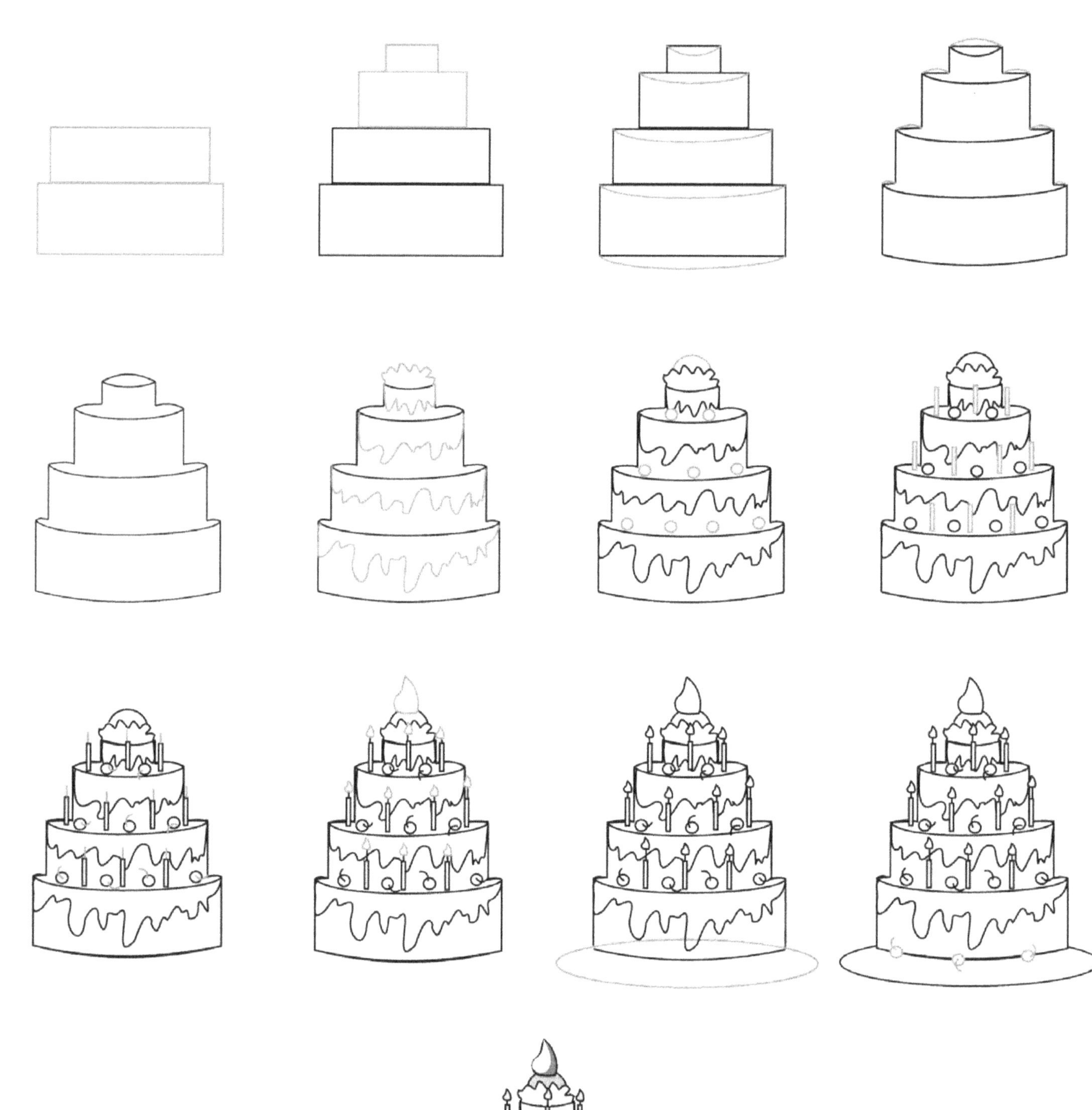

Zeichnen Lernen

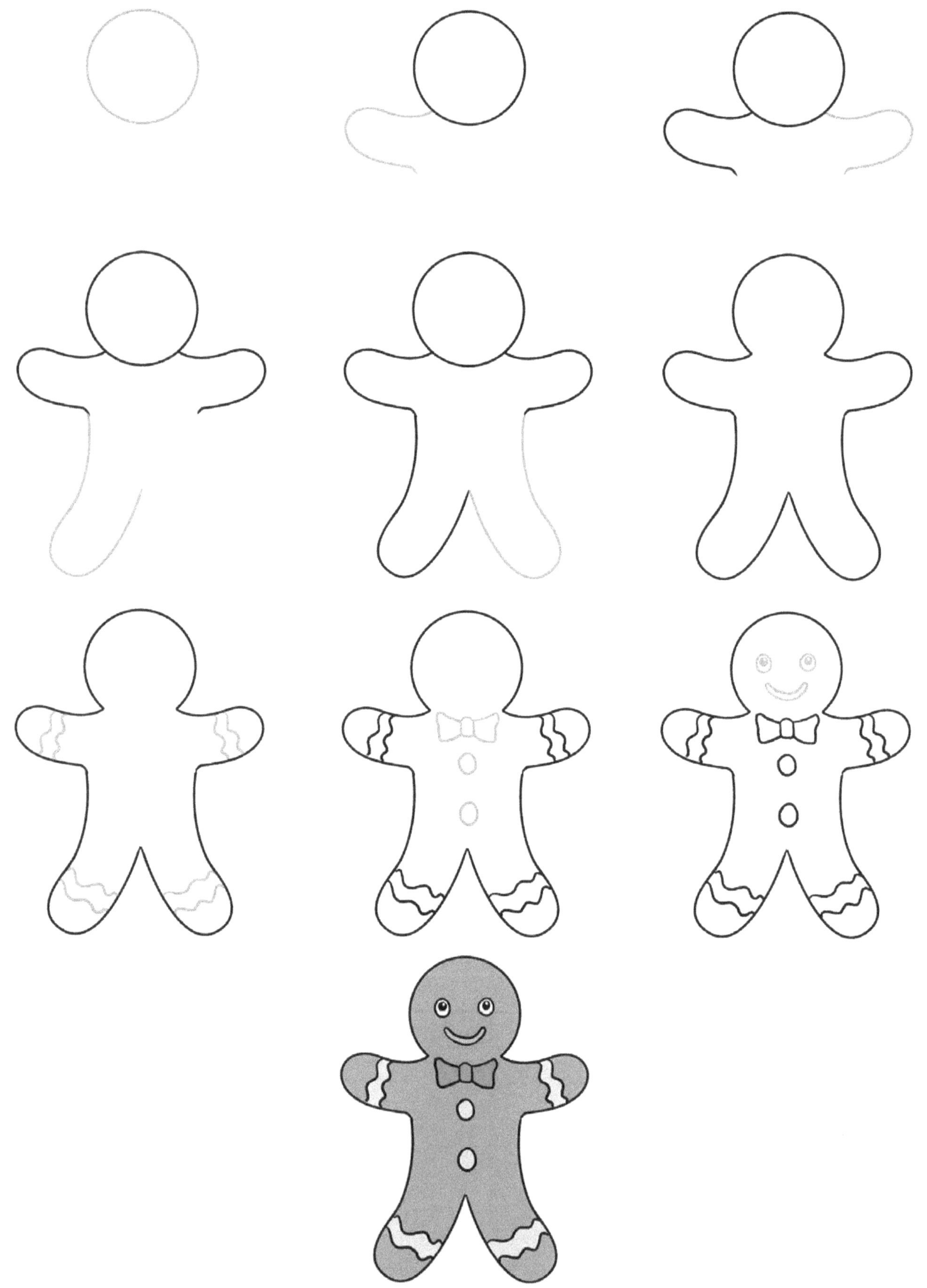

Jetzt Sind Sie Dran!

Zeichnen Lernen

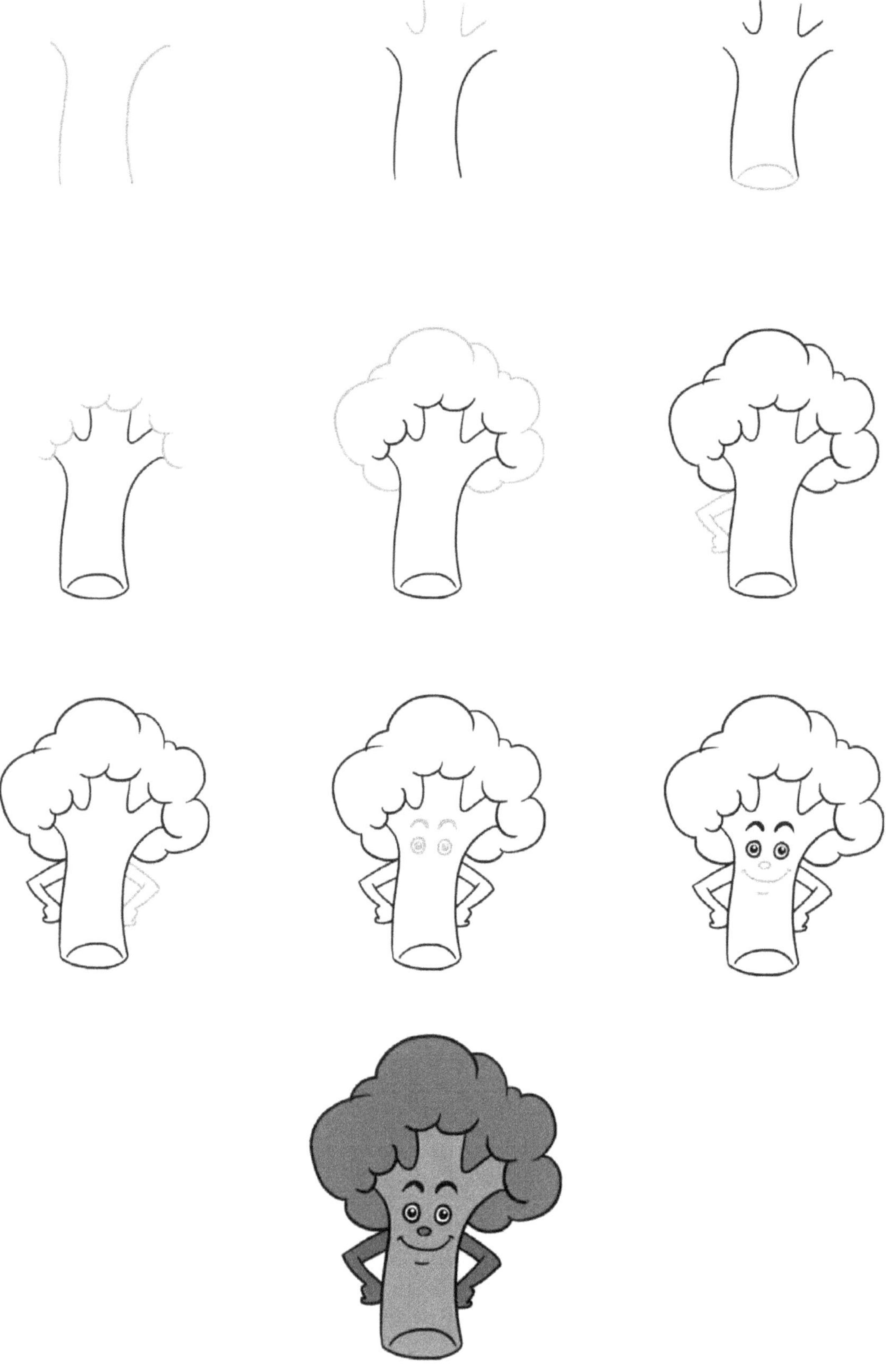

Jetzt Sind Sie Dran!

Zeichnen Lernen

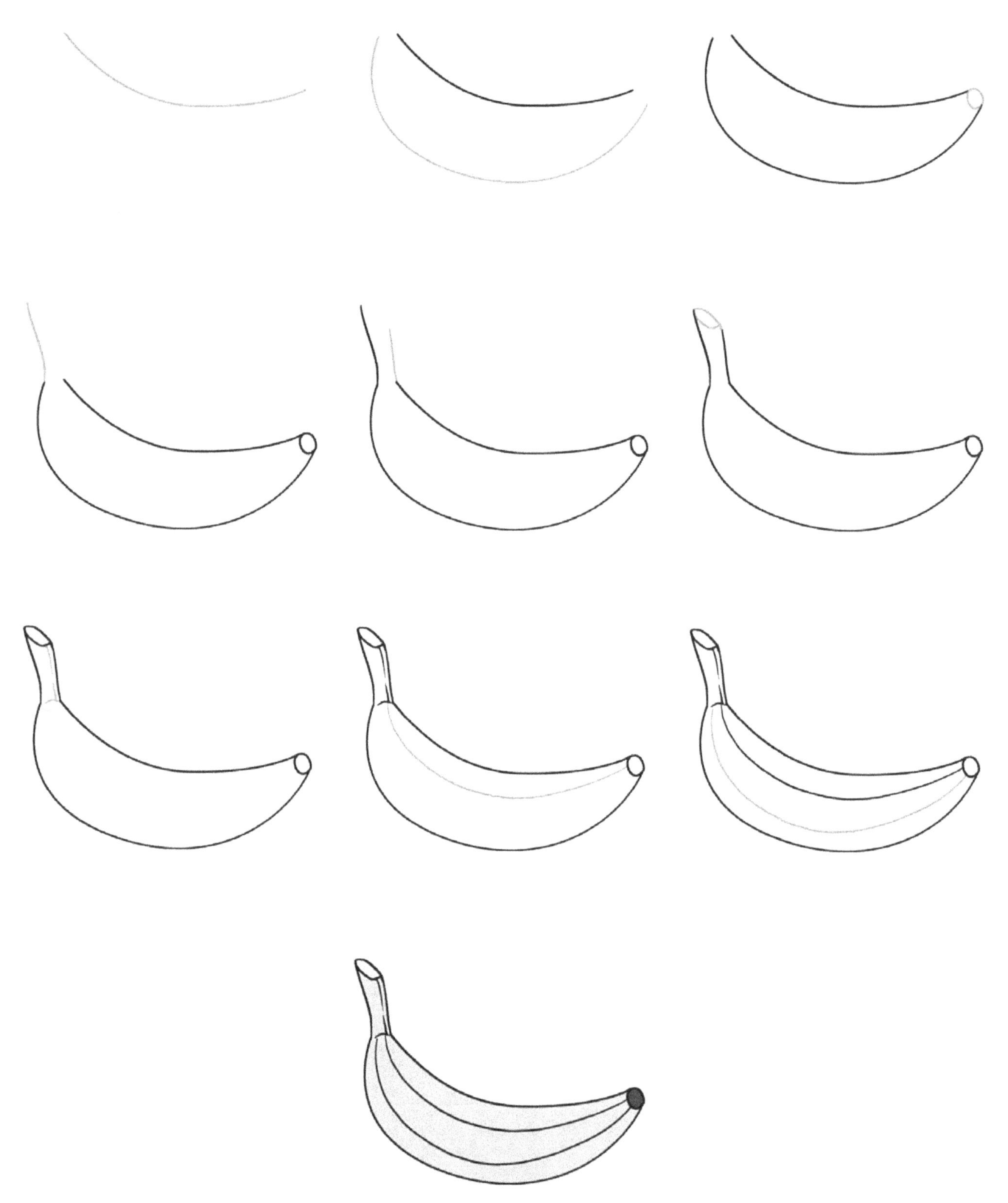

Jetzt Sind Sie Dran!

Zeichnen Lernen

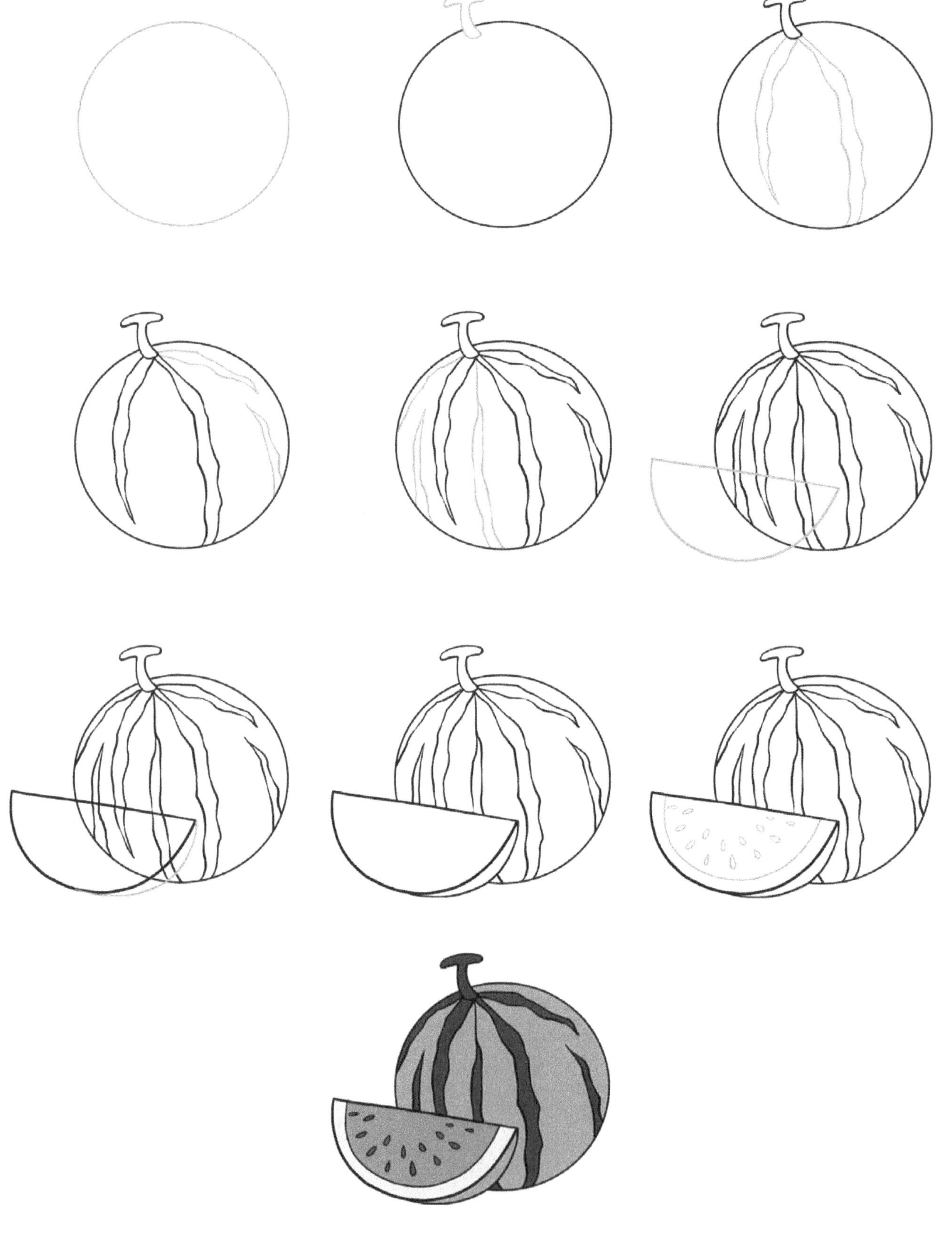

Jetzt Sind Sie Dran!

Zeichnen Lernen

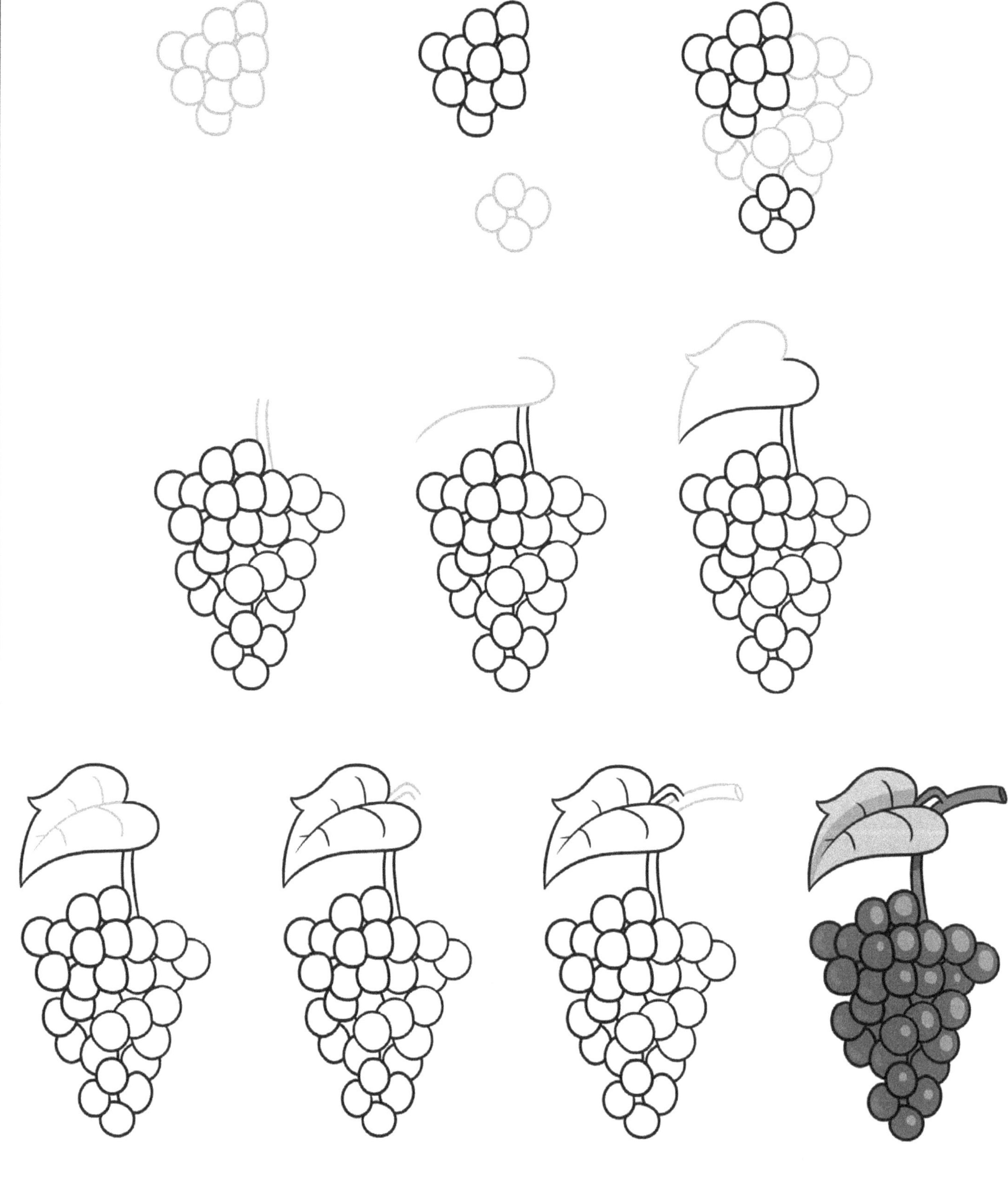

Jelzl Sind Sie Dran!

Zeichnen Lernen

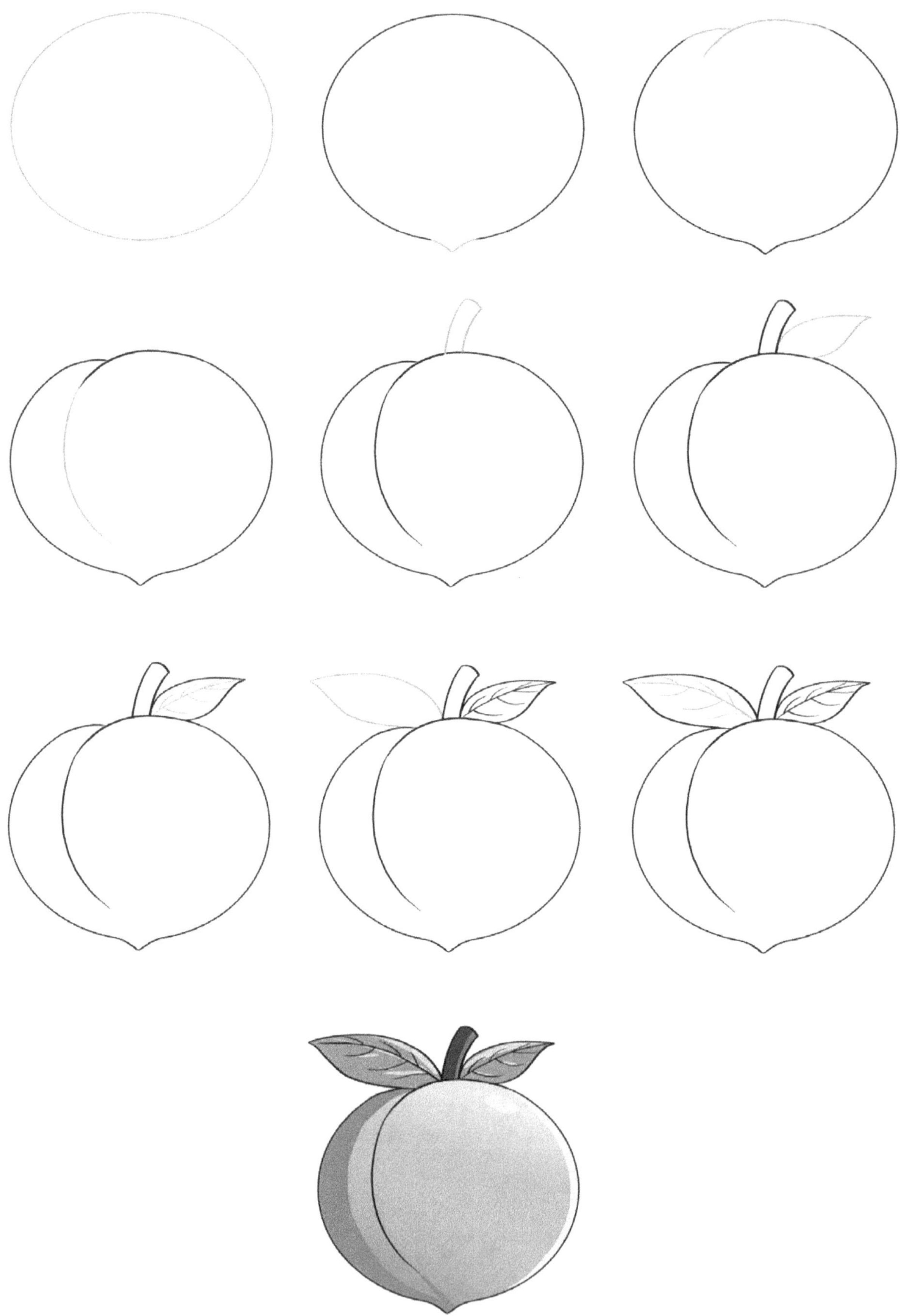

Jetzt Sind Sie Dran!

Zeichnen Lernen

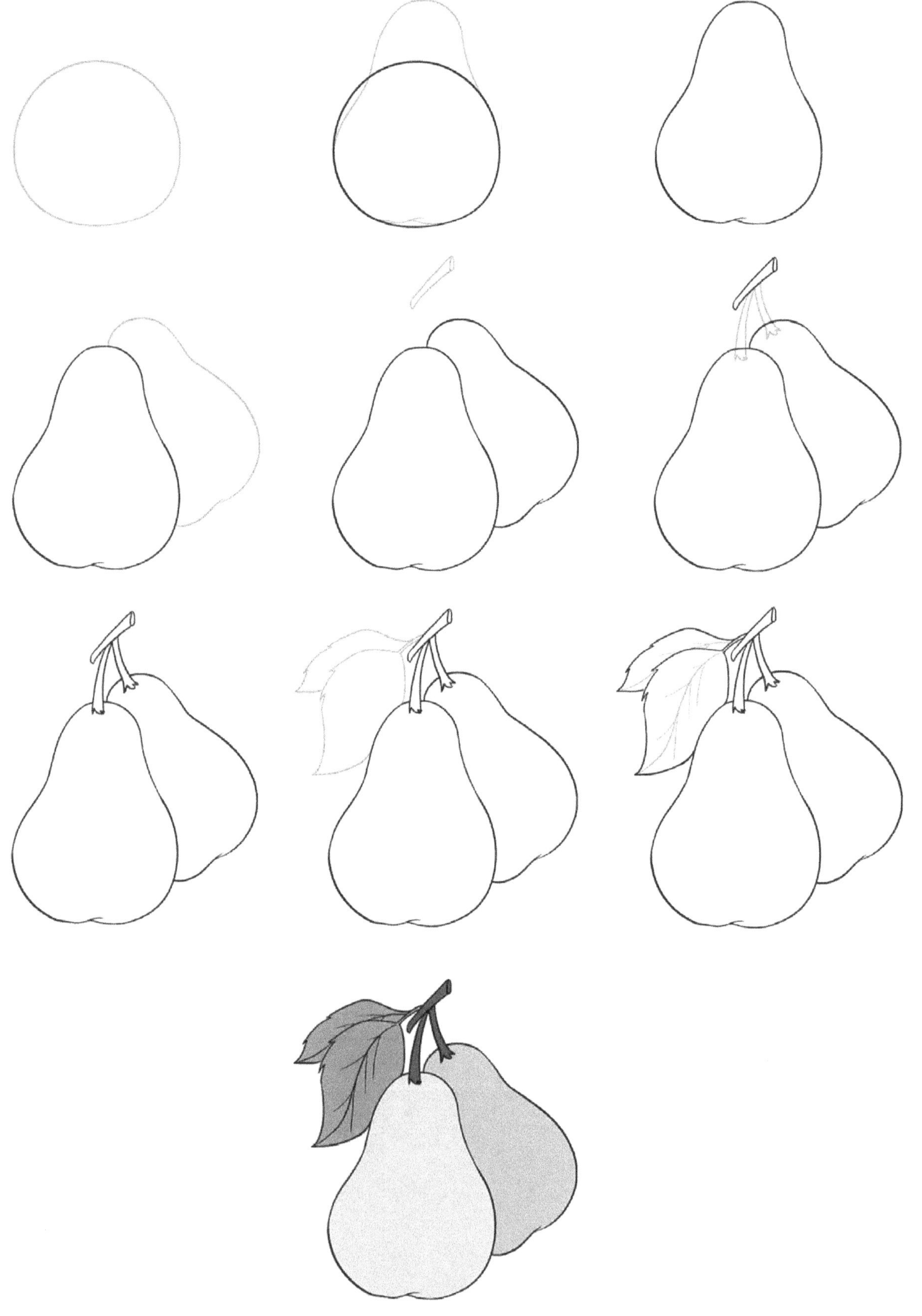

Zeichnen Lernen

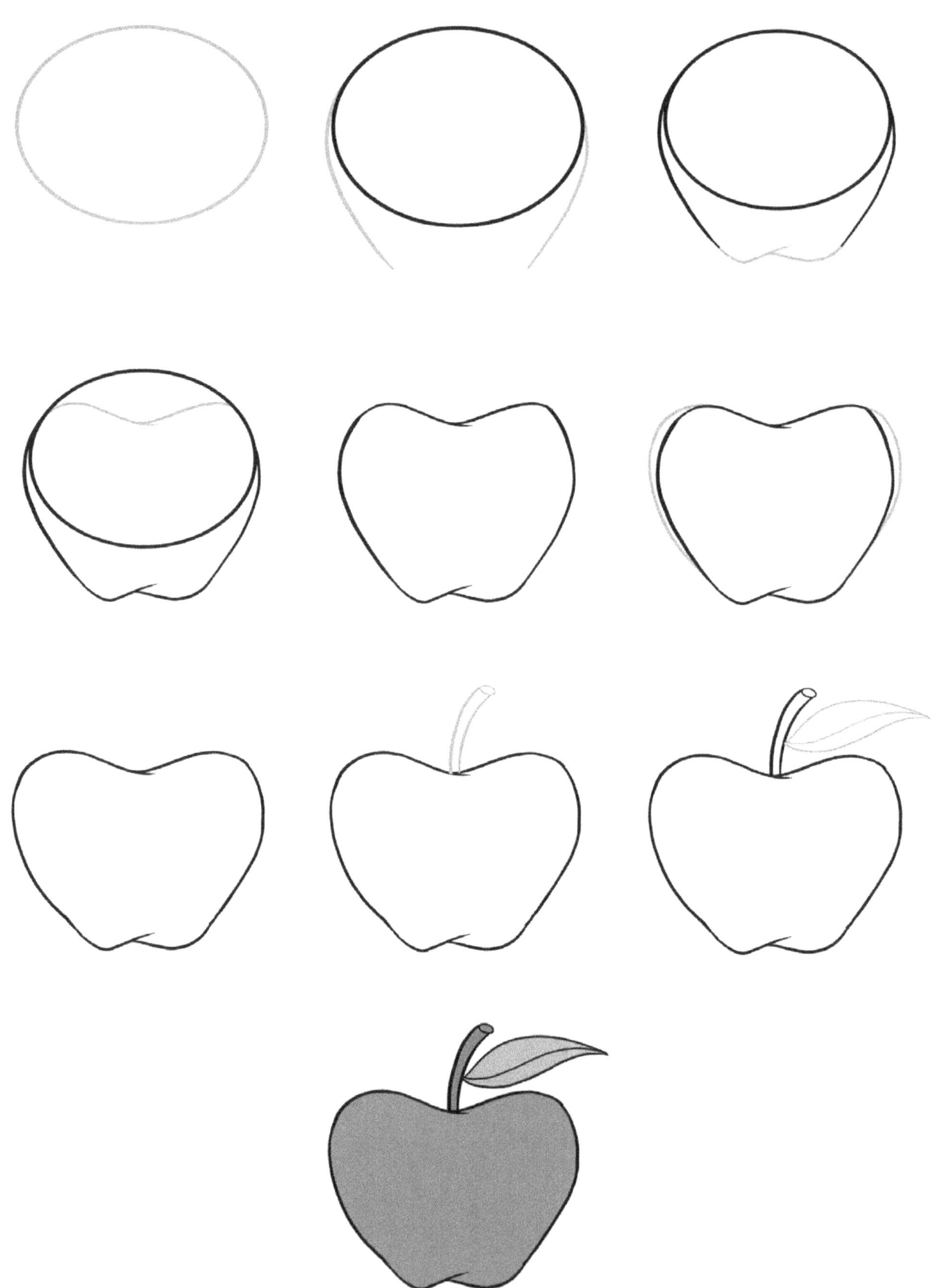

Jetzt Sind Sie Dran!

Zeichnen Lernen

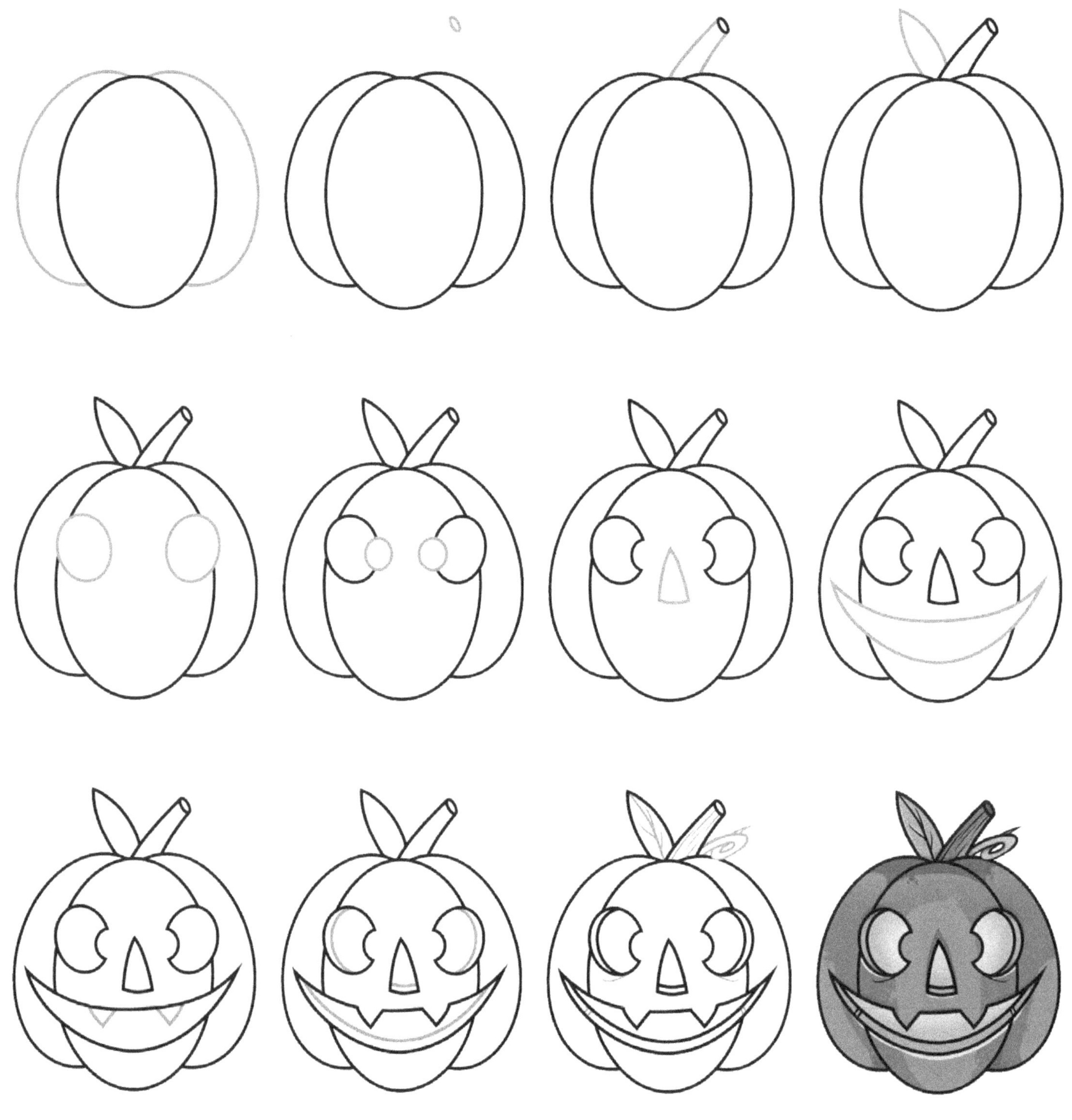

Jetzt Sind Sie Dran!

Zeichnen Lernen

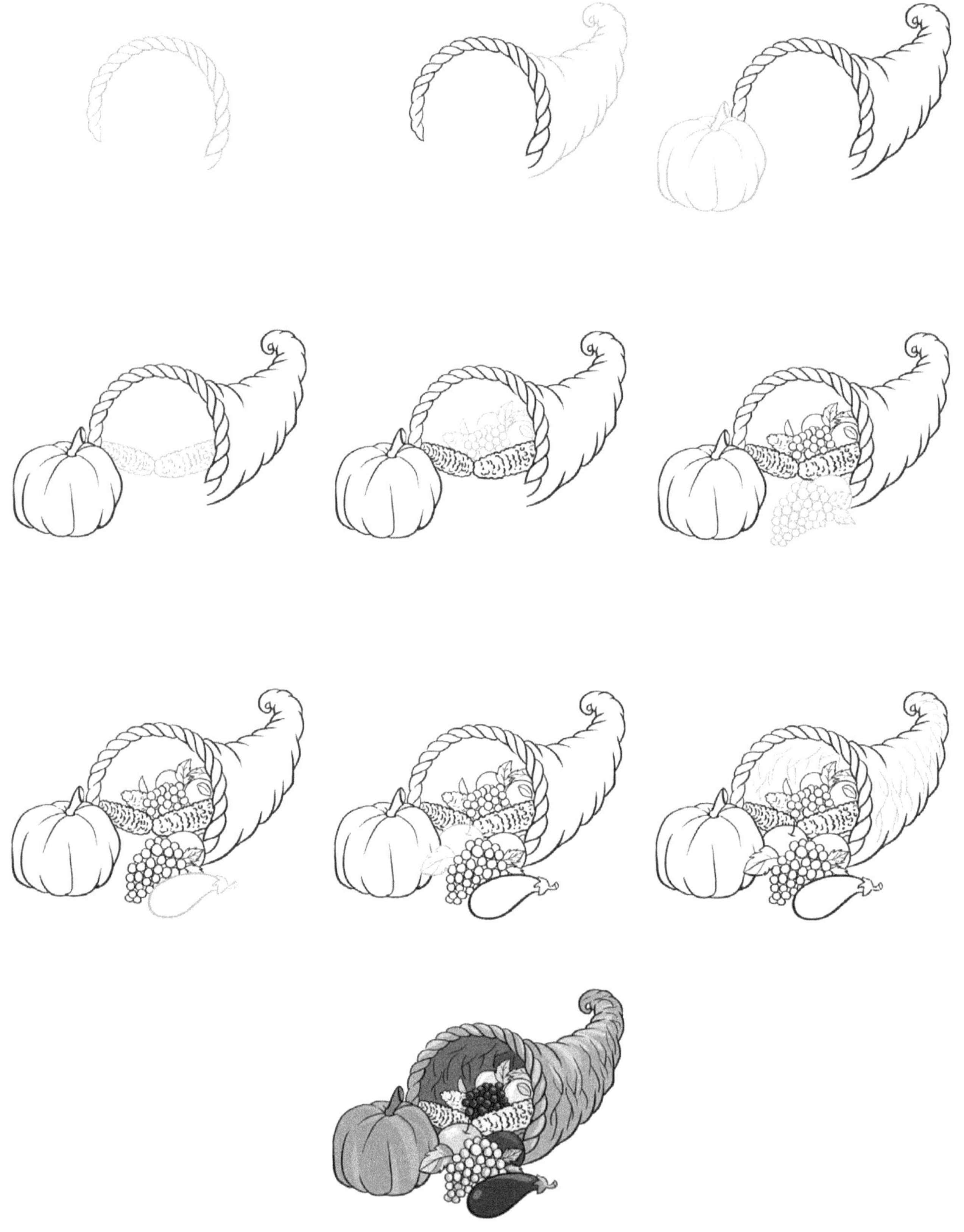

Jelzl Sind Sie Dran!

Zeichnen Lernen

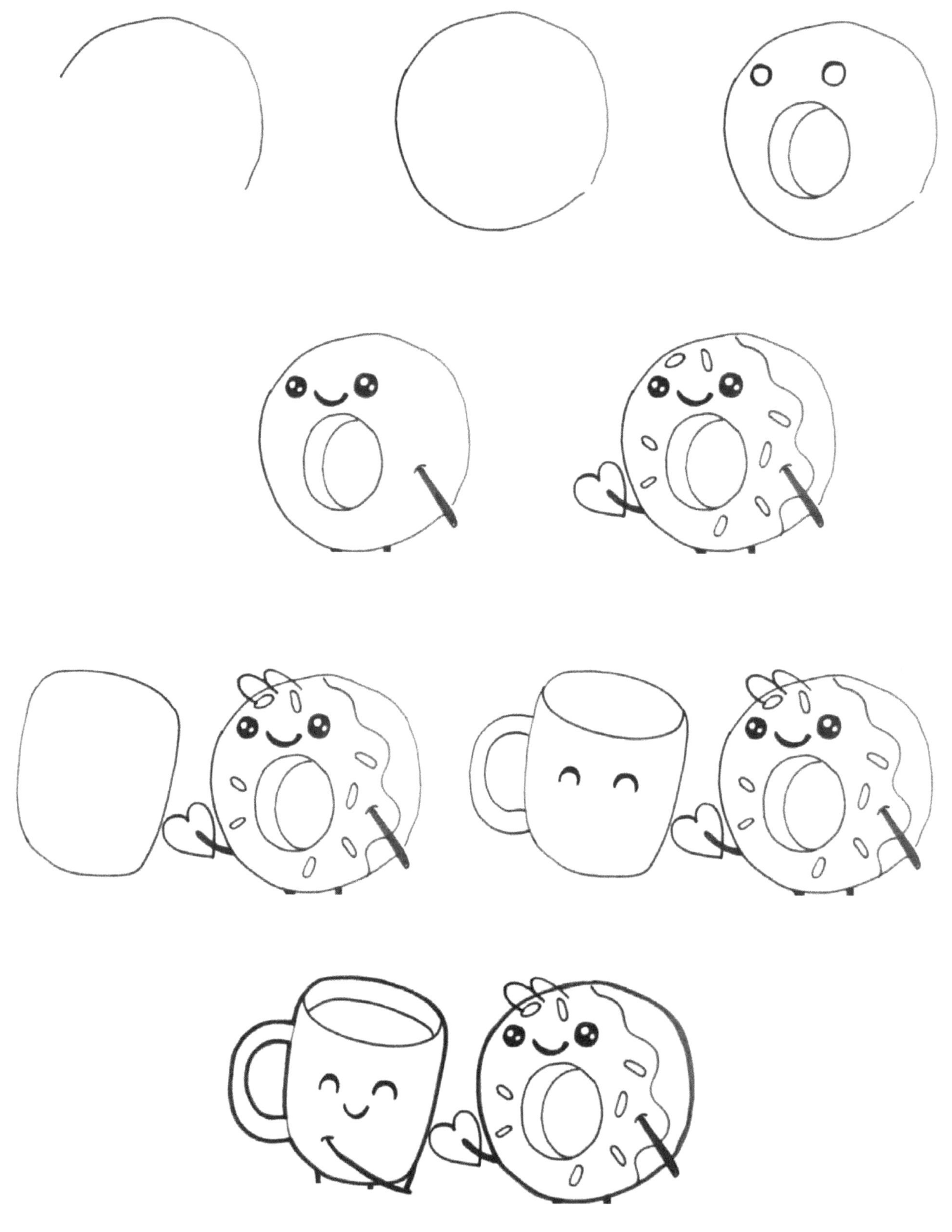

Jelzl Sind Sie Dran!

Zeichnen Lernen

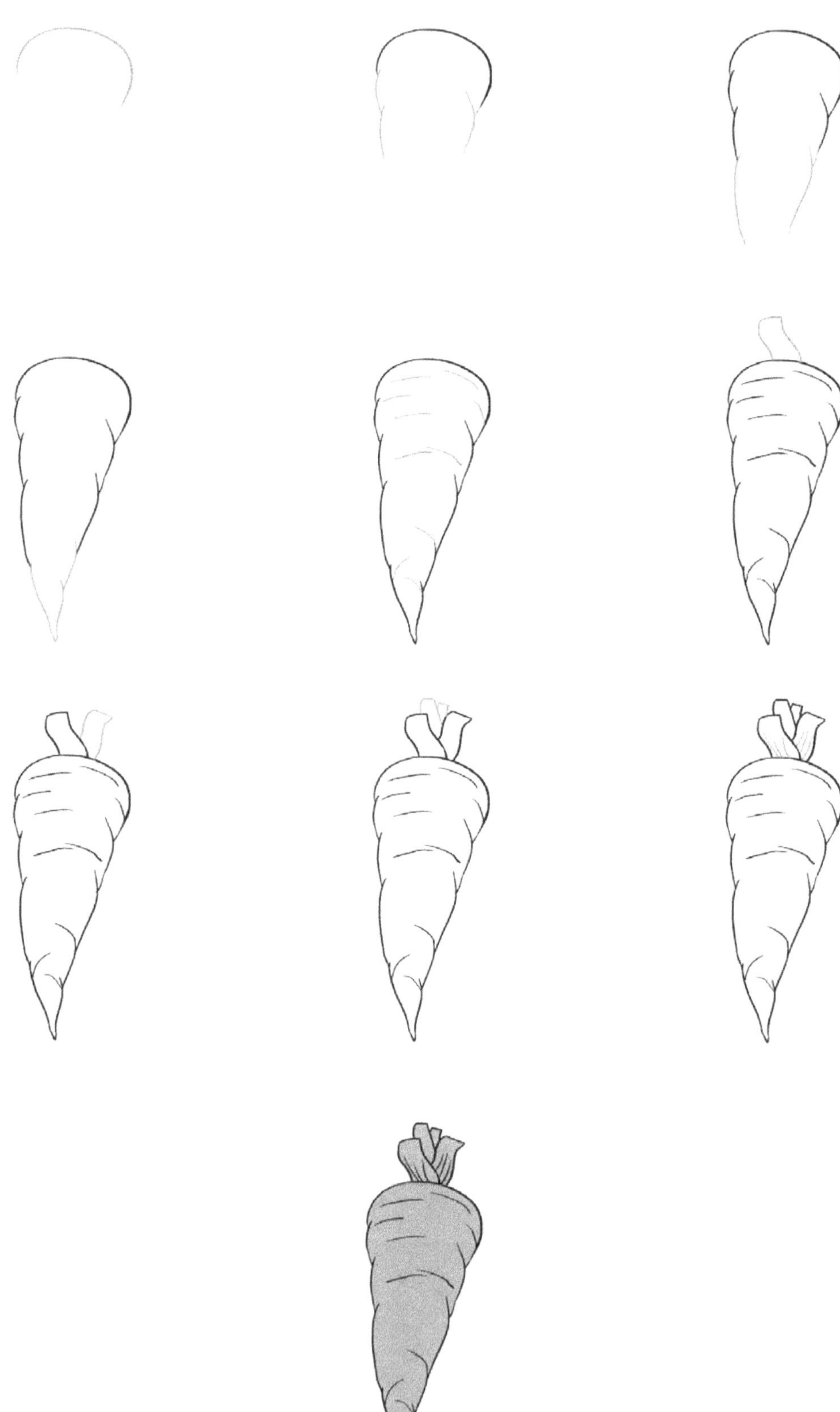

| **Jetzt Sind Sie Dran!** |

Zeichnen Lernen

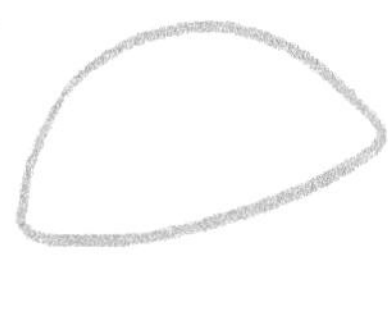 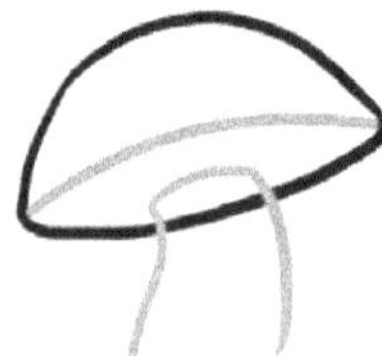 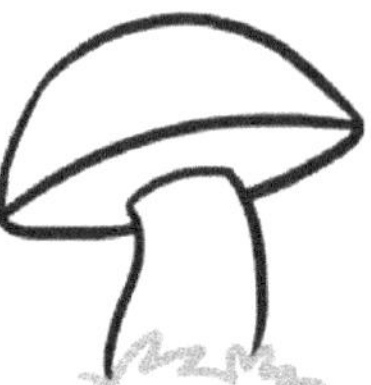

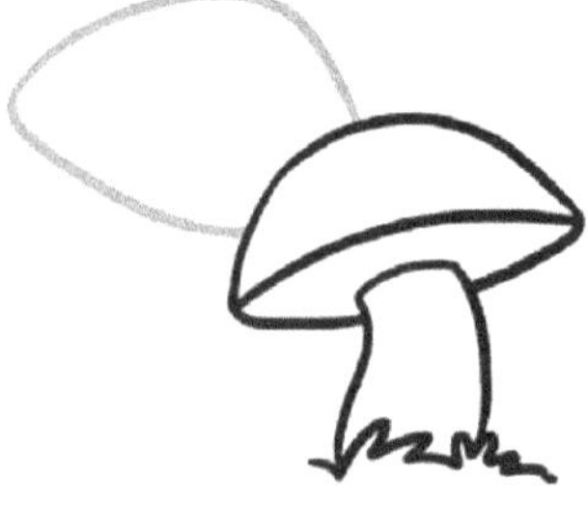 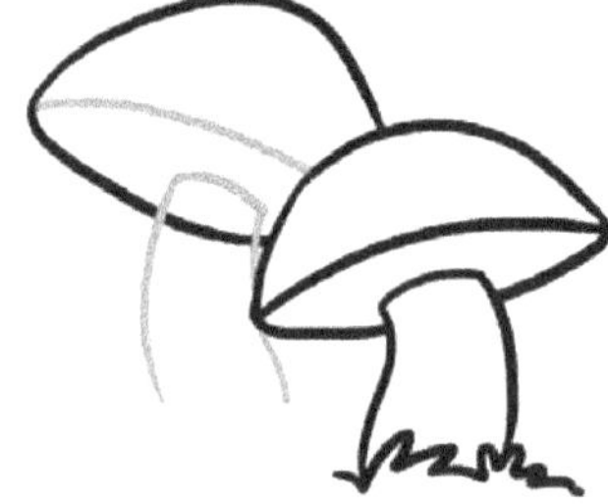 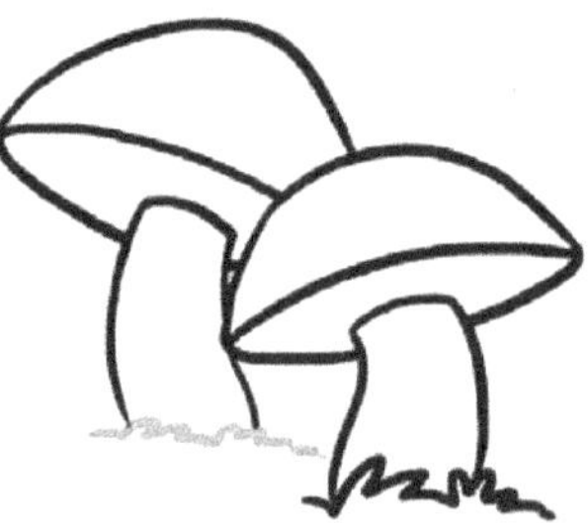

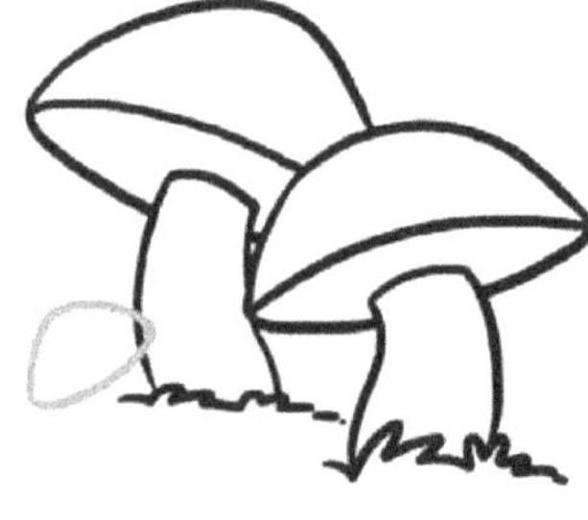 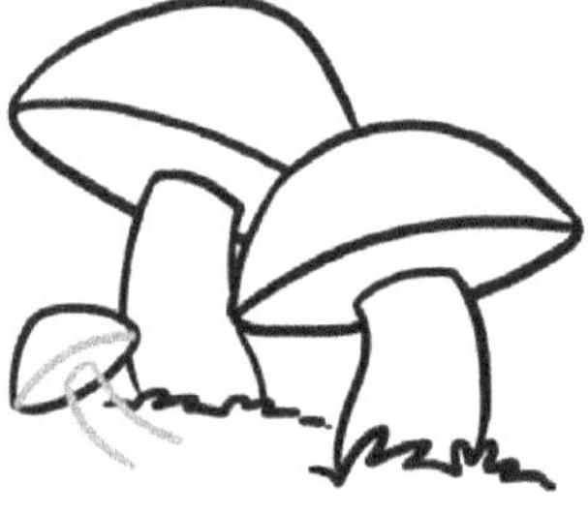 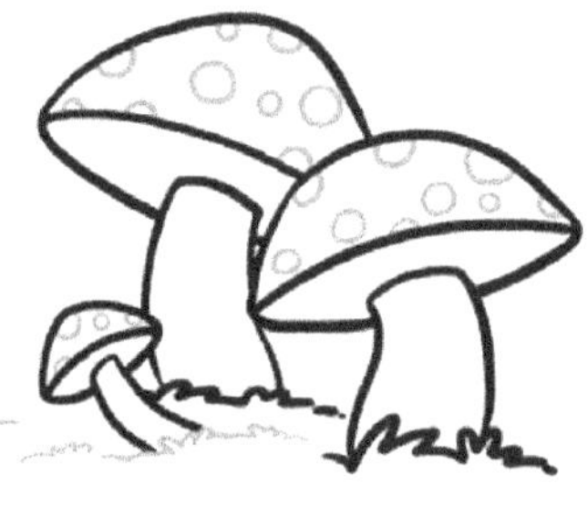

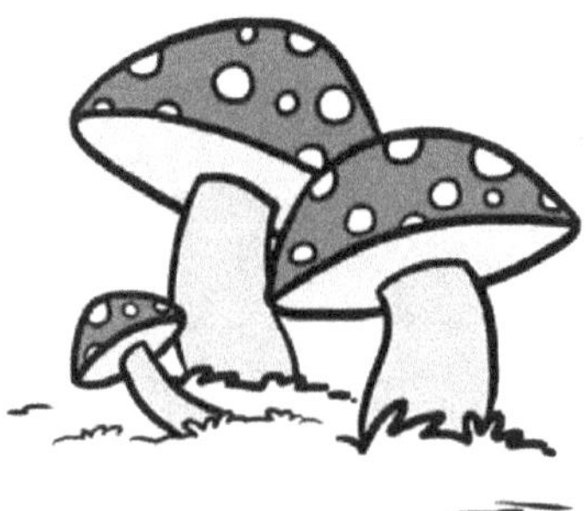

Jelzl Sind Sie Dran!

Zeichnen Lernen

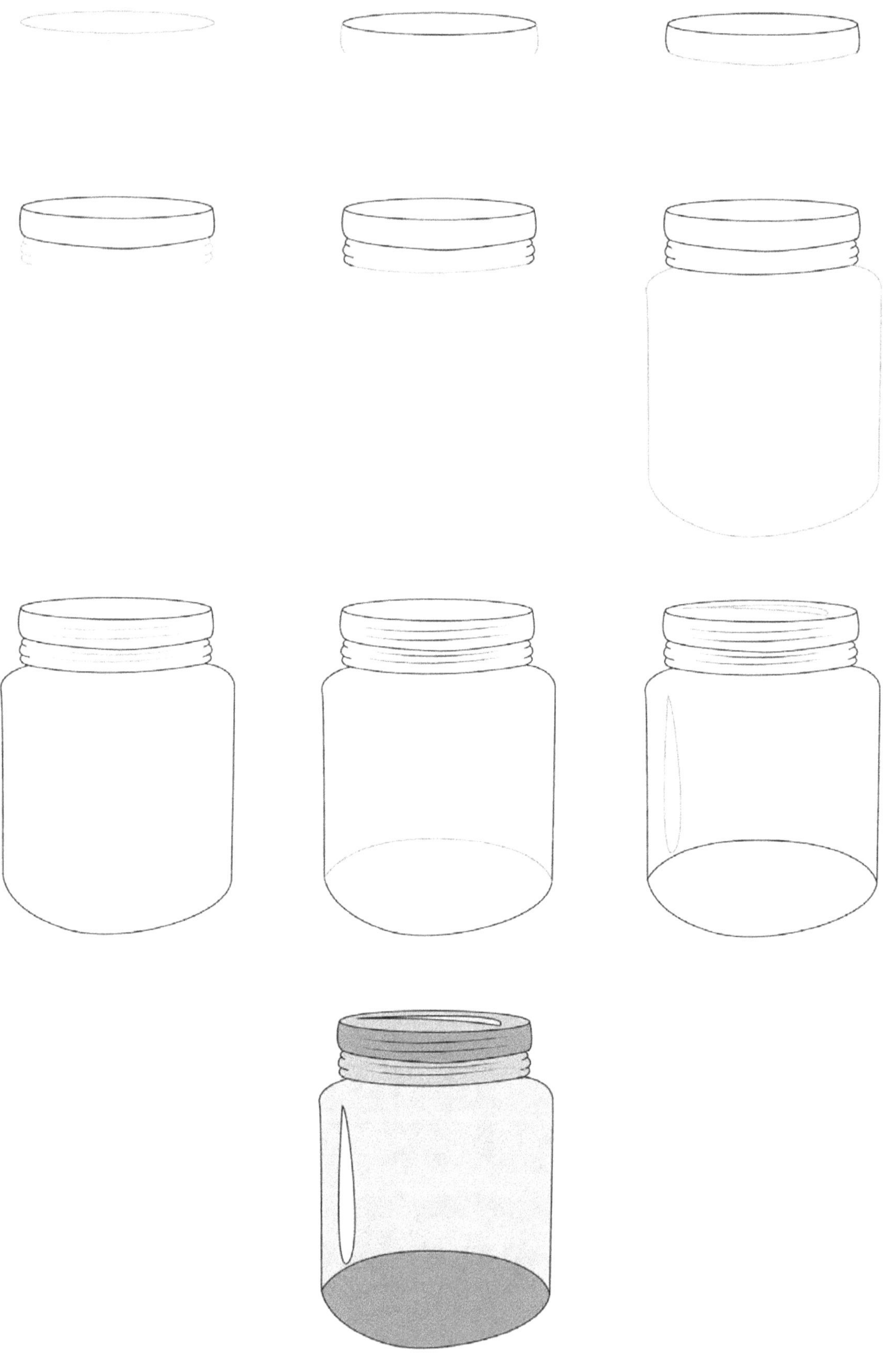

Zeichnen Lernen

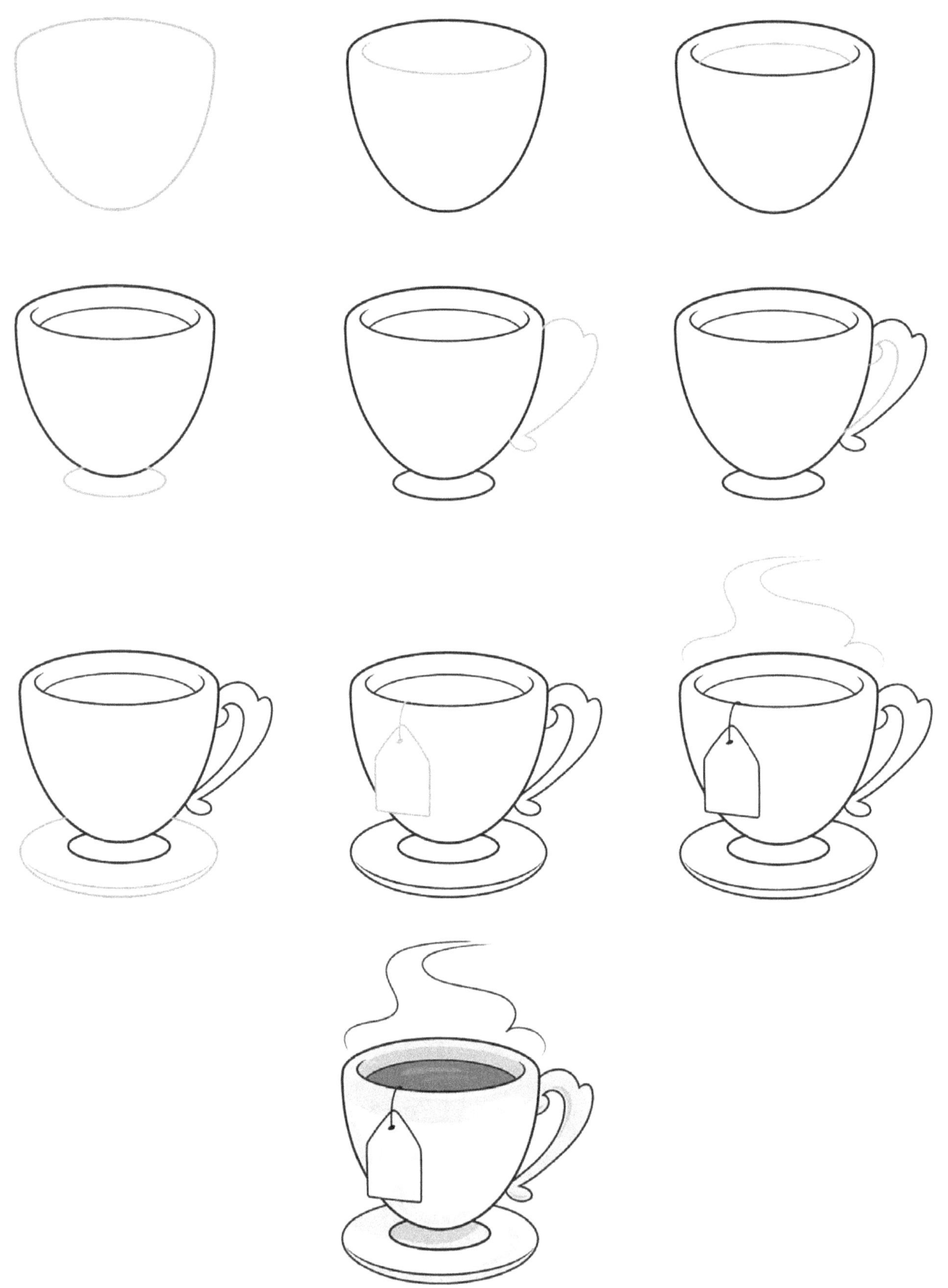

Jetzt Sind Sie Dran!

Zeichnen Lernen

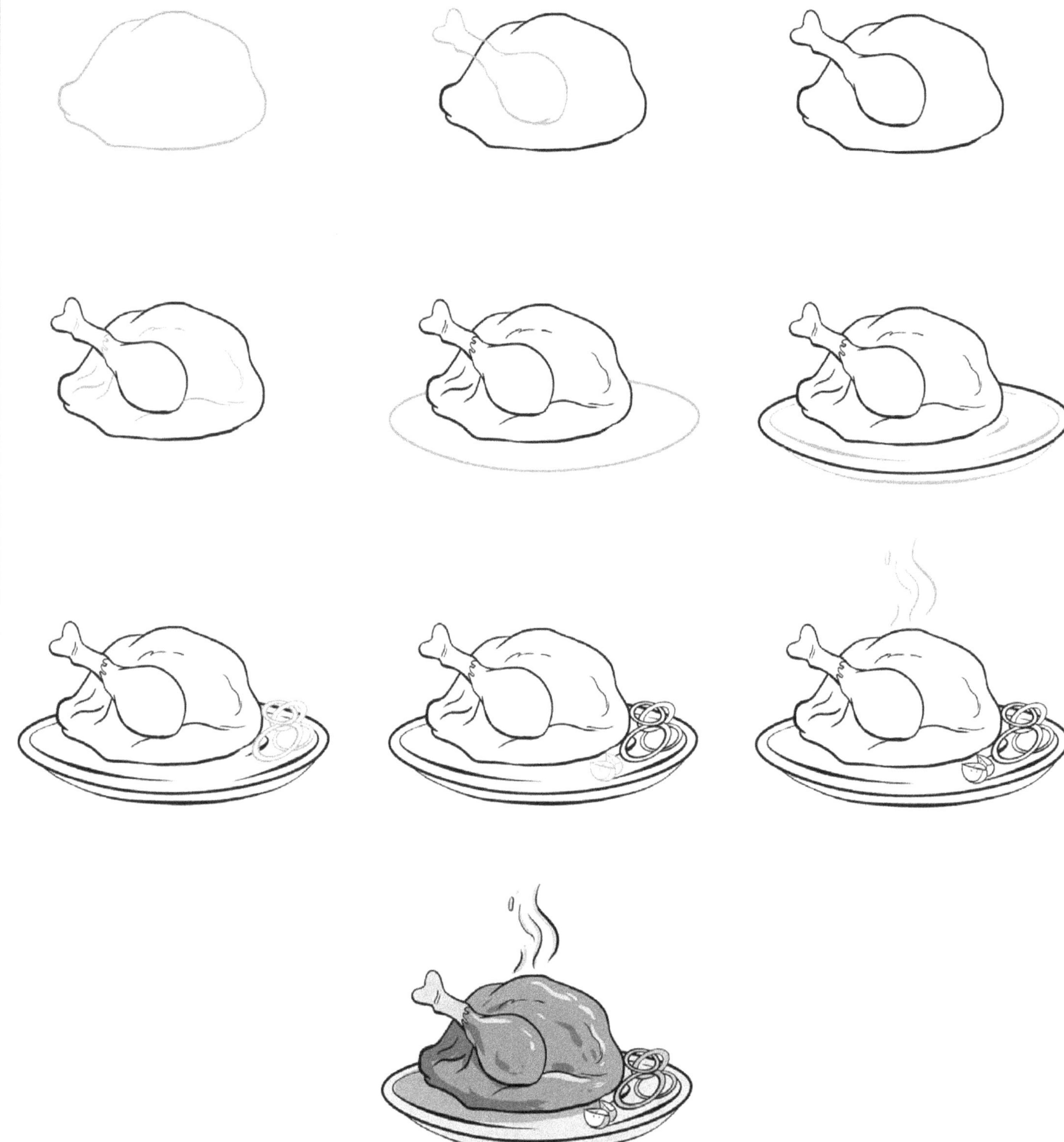

Zeichnen Lernen

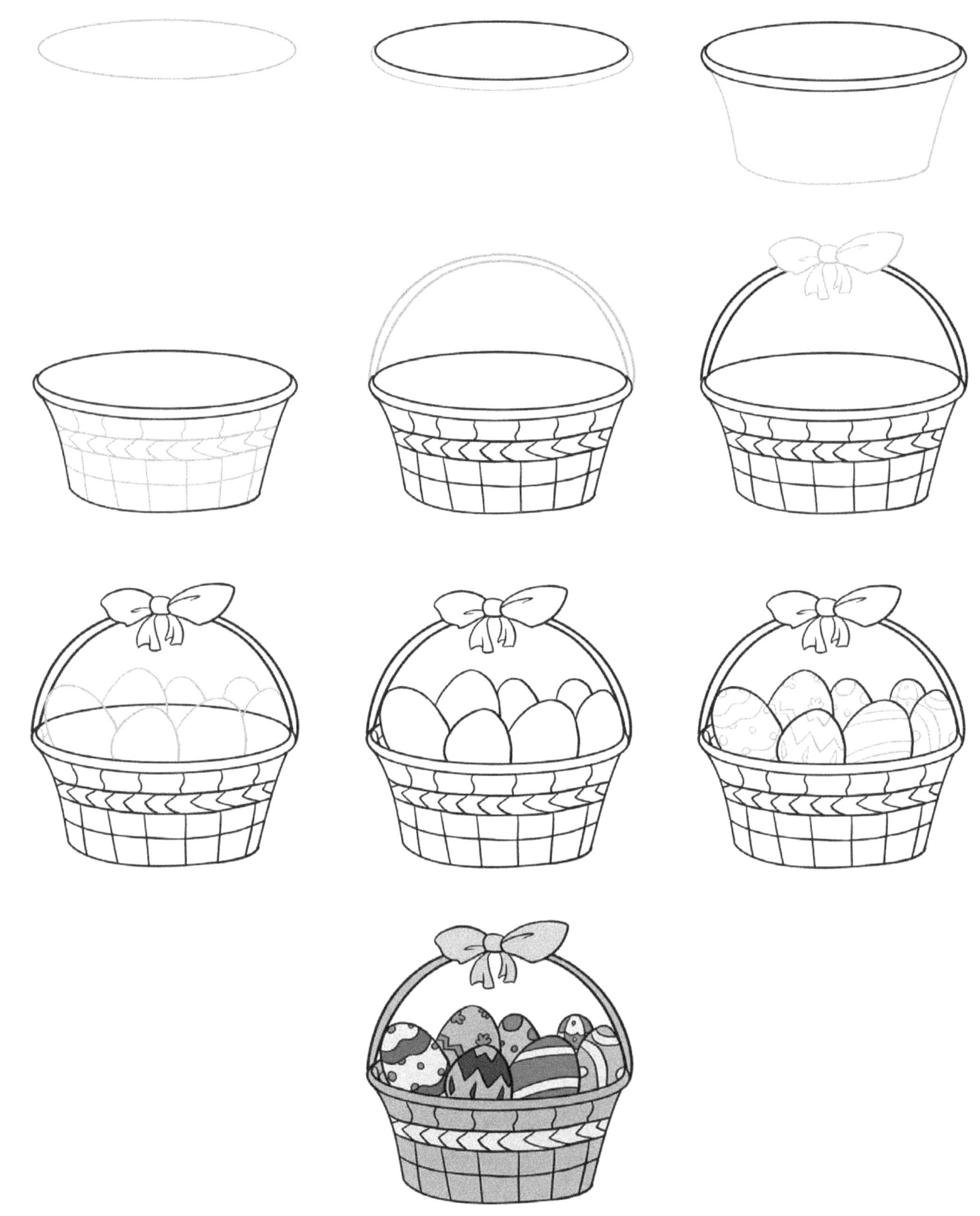

Zeichnen Lernen

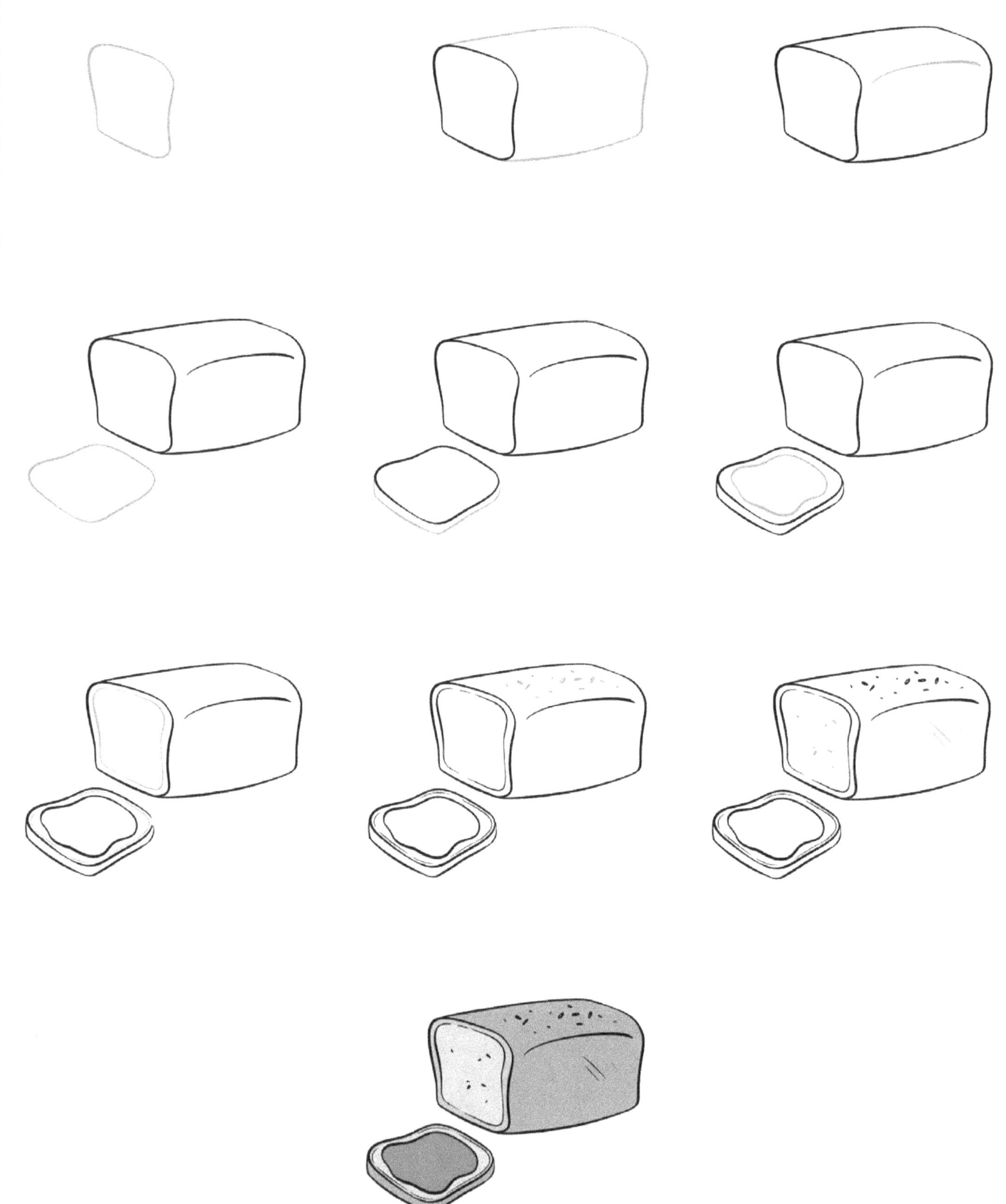

Jetzt Sind Sie Dran!

Zeichnen Lernen

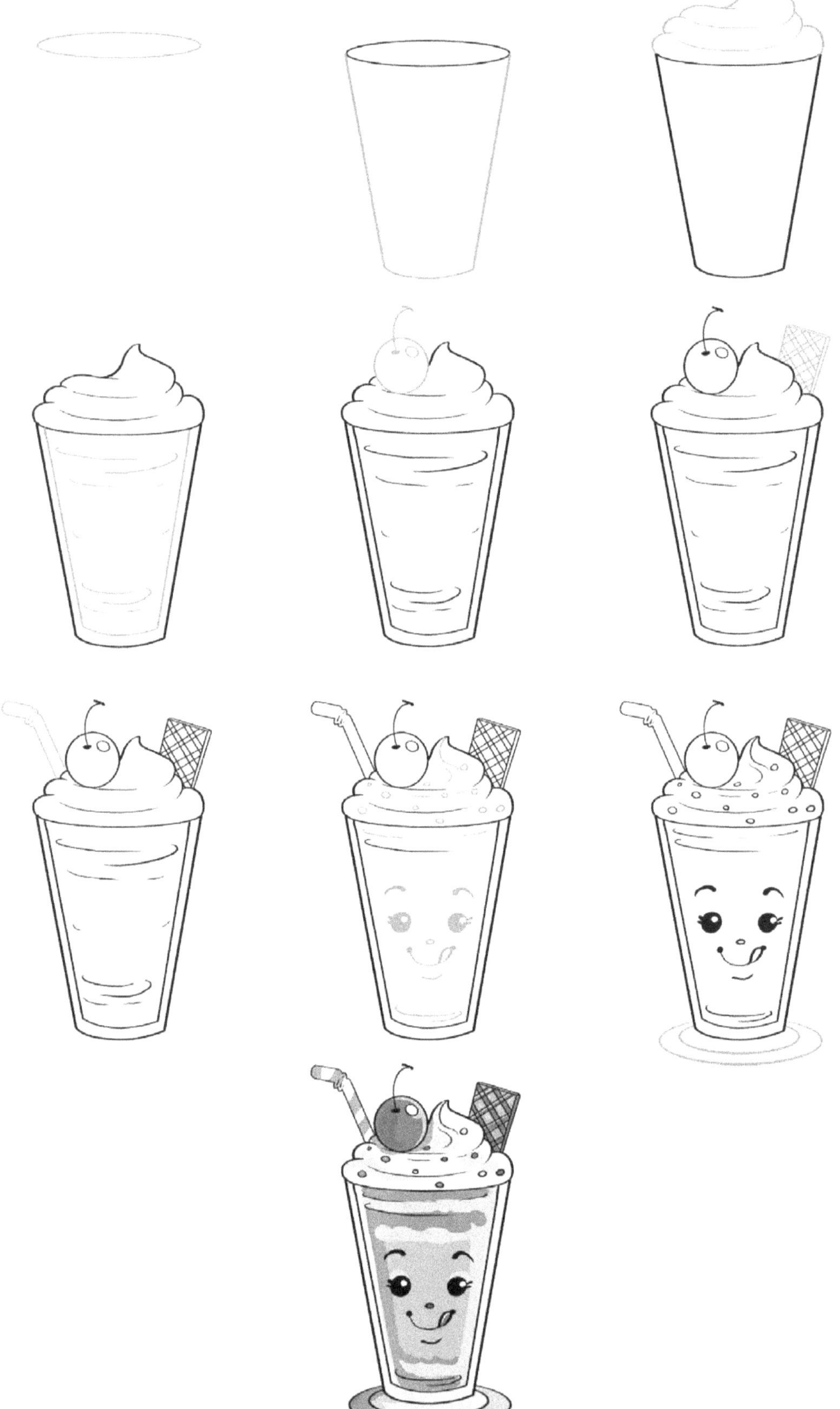

Jetzt Sind Sie Dran!

Zeichnen Lernen

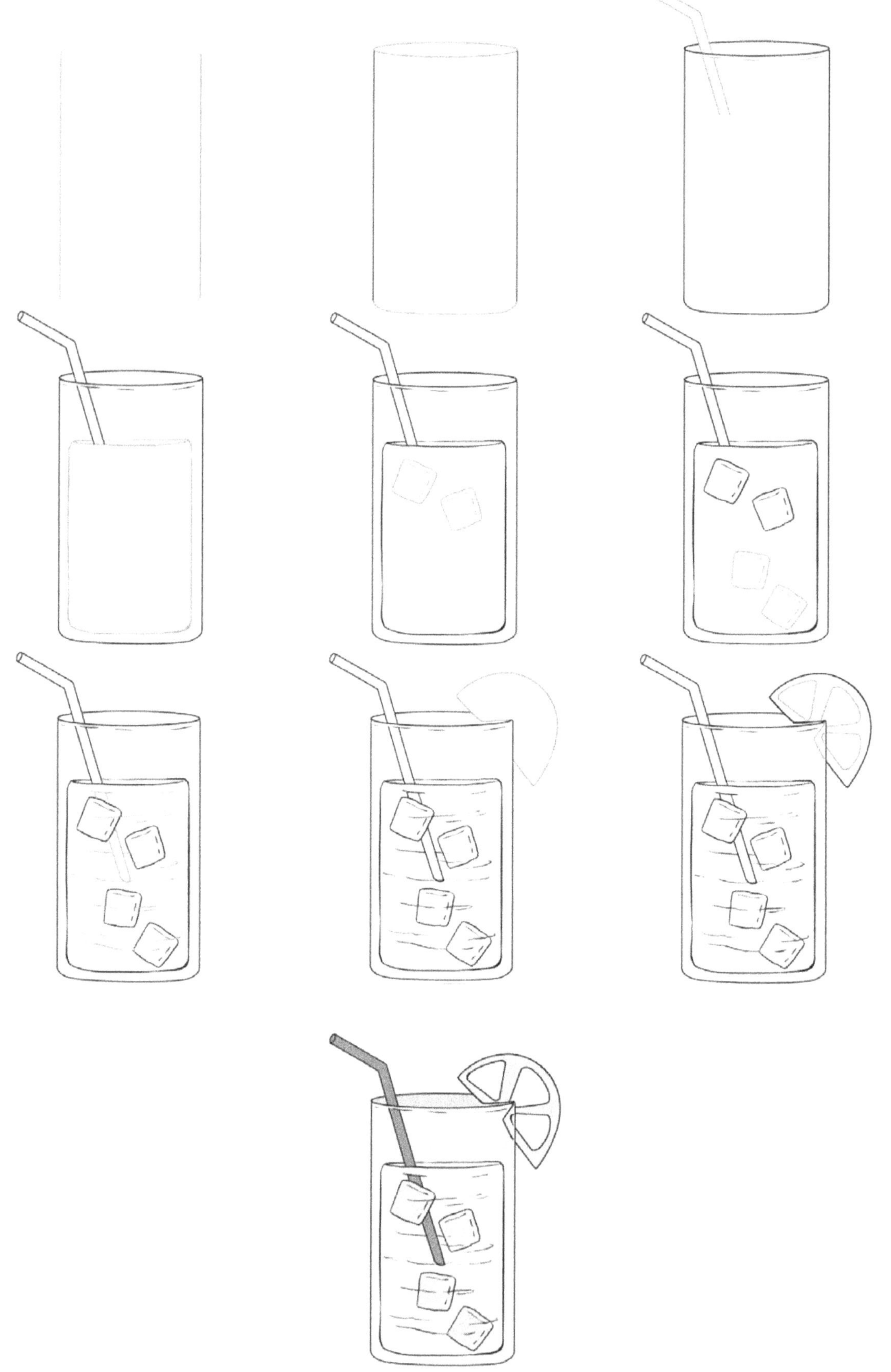

Zeichnen Lernen

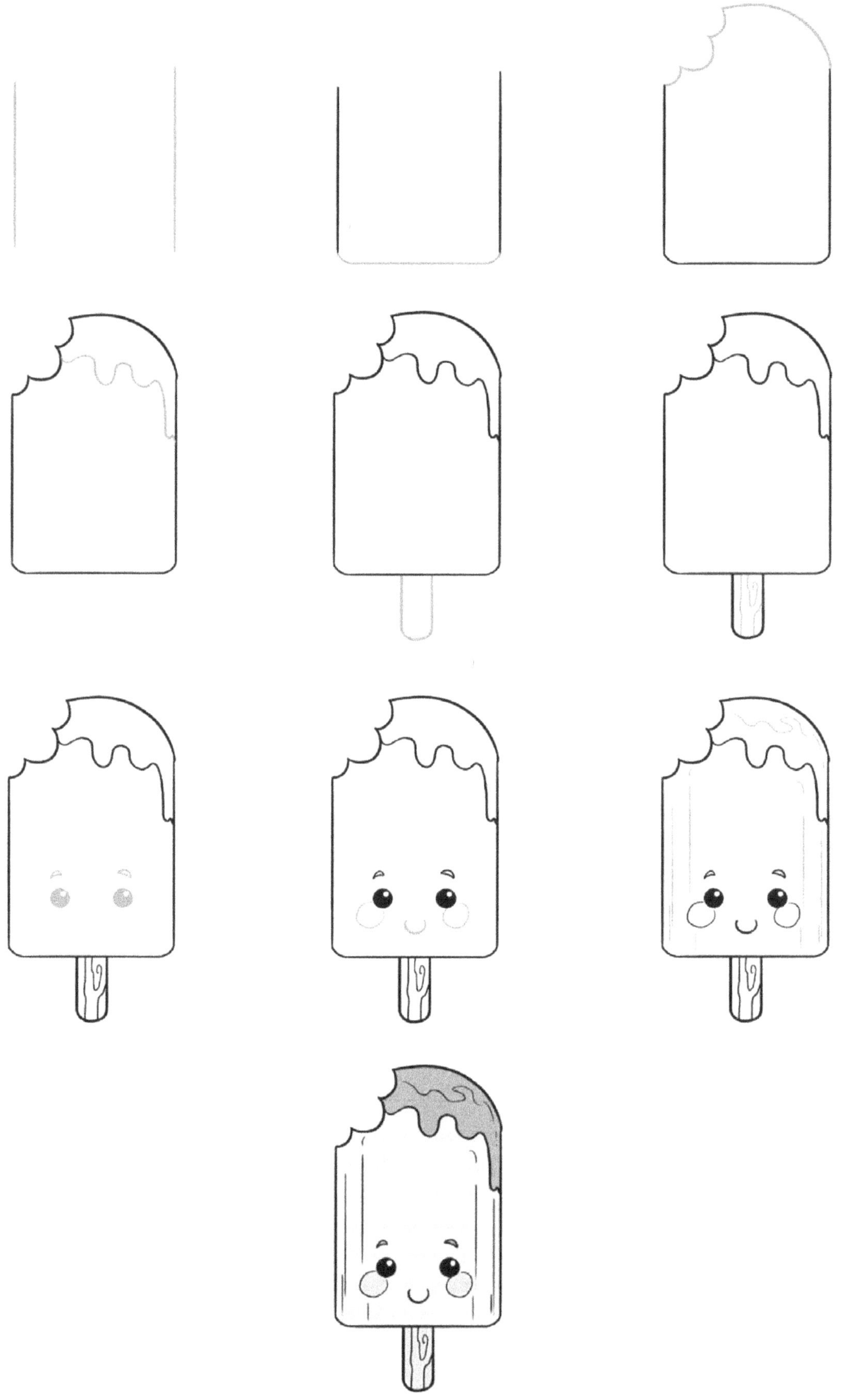

Jelzl Sind Sie Dran!

Zeichnen Lernen

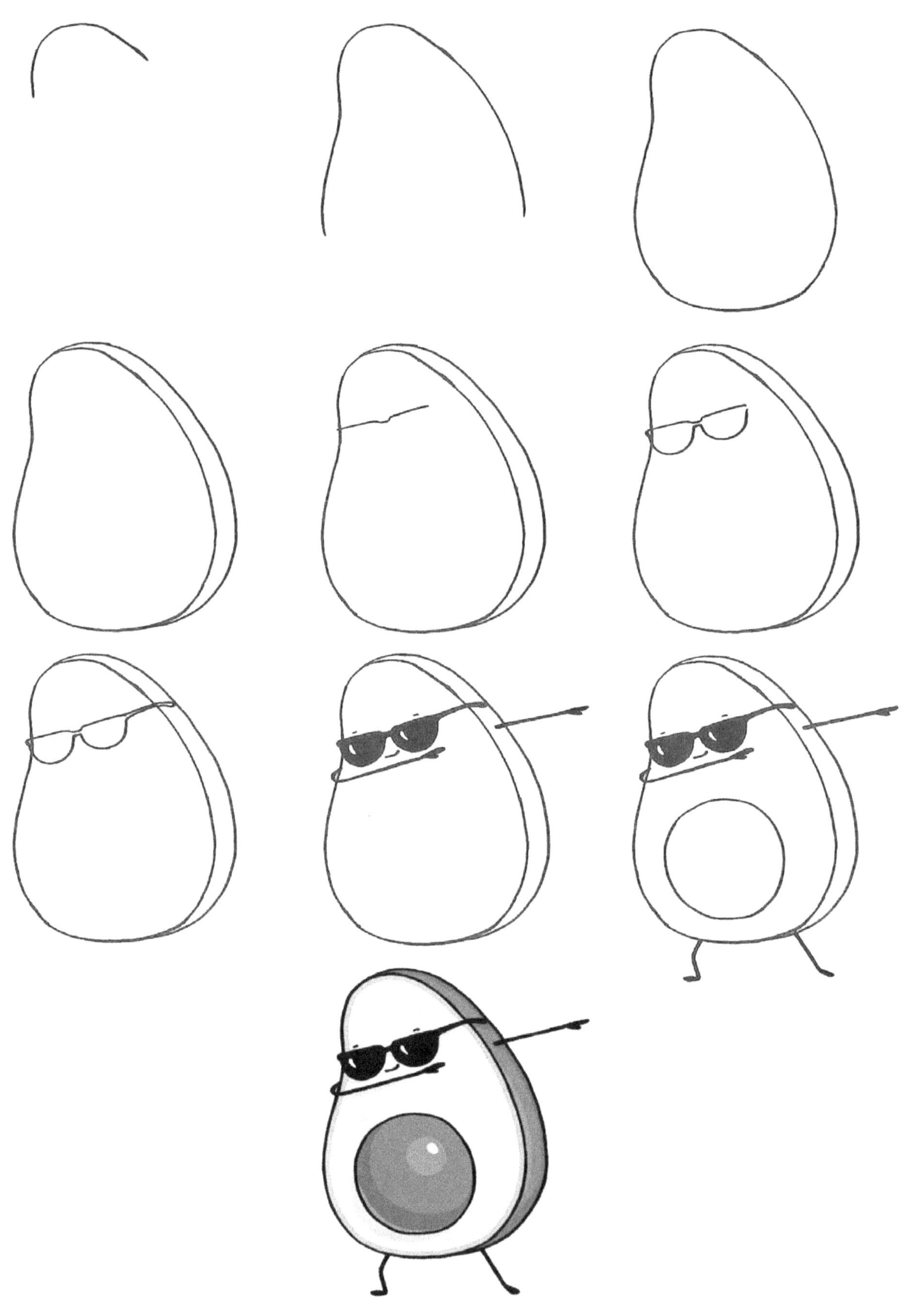

Jetzt Sind Sie Dran!

Zeichnen Lernen

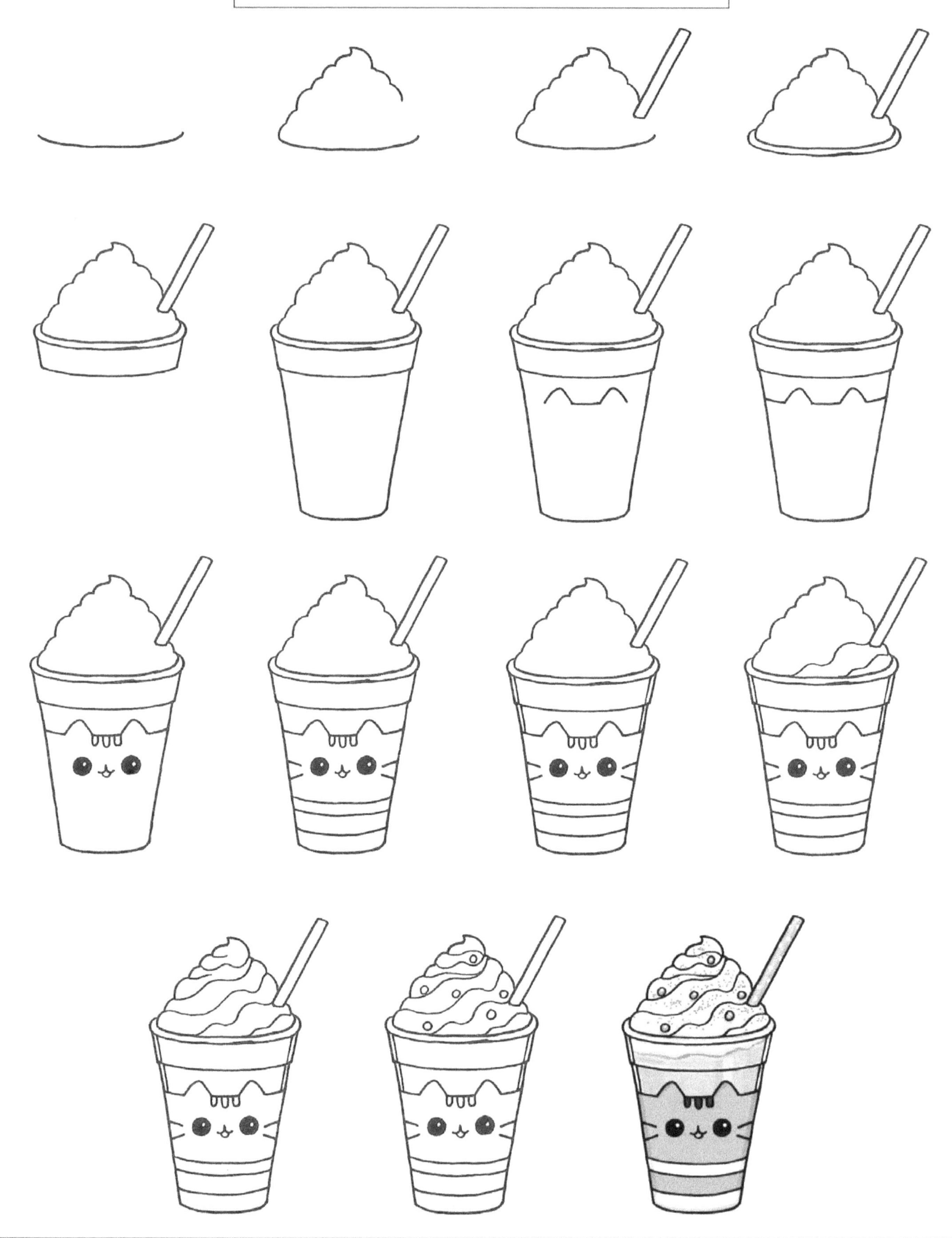

Zeichnen Lernen

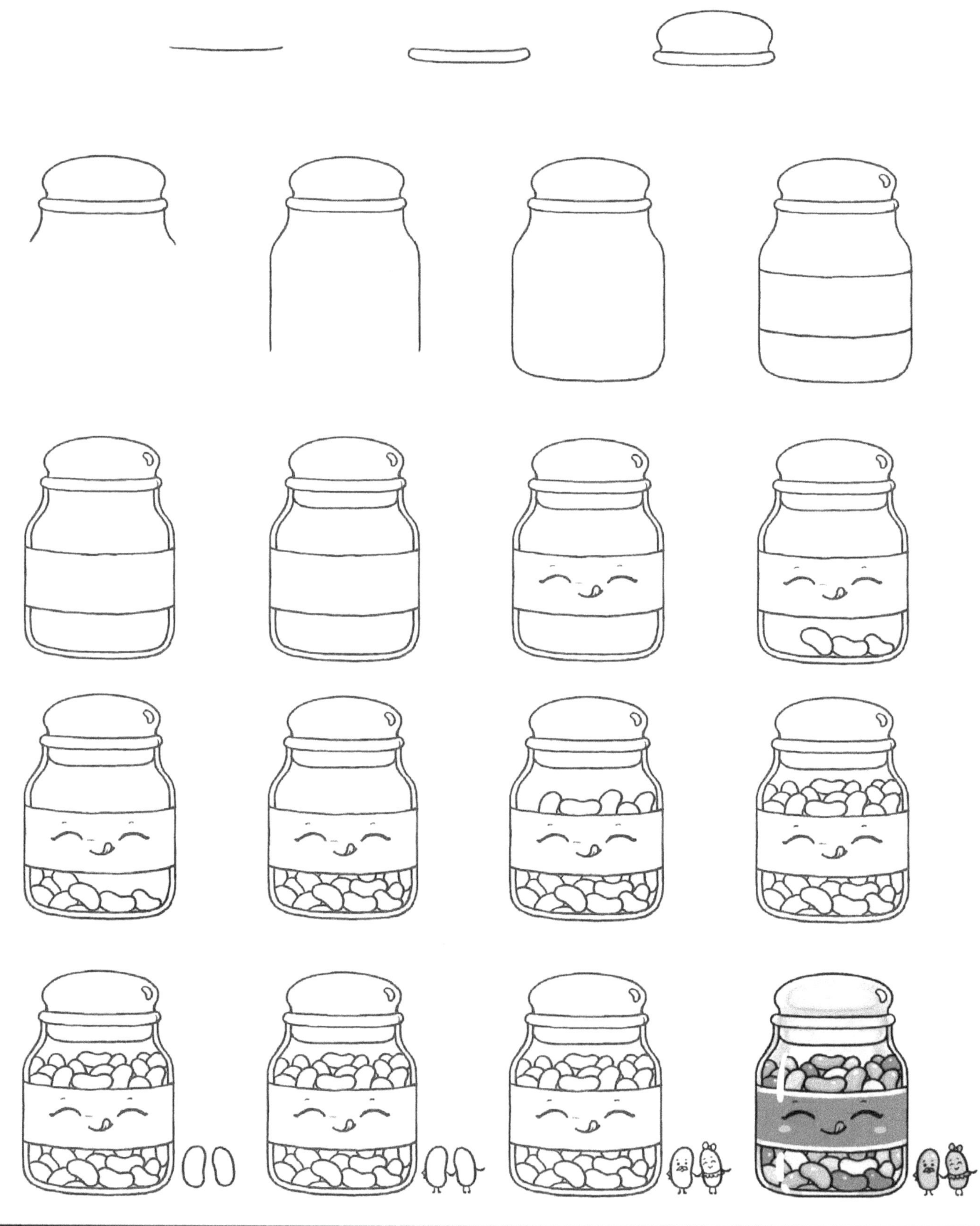

Zeichnen Lernen

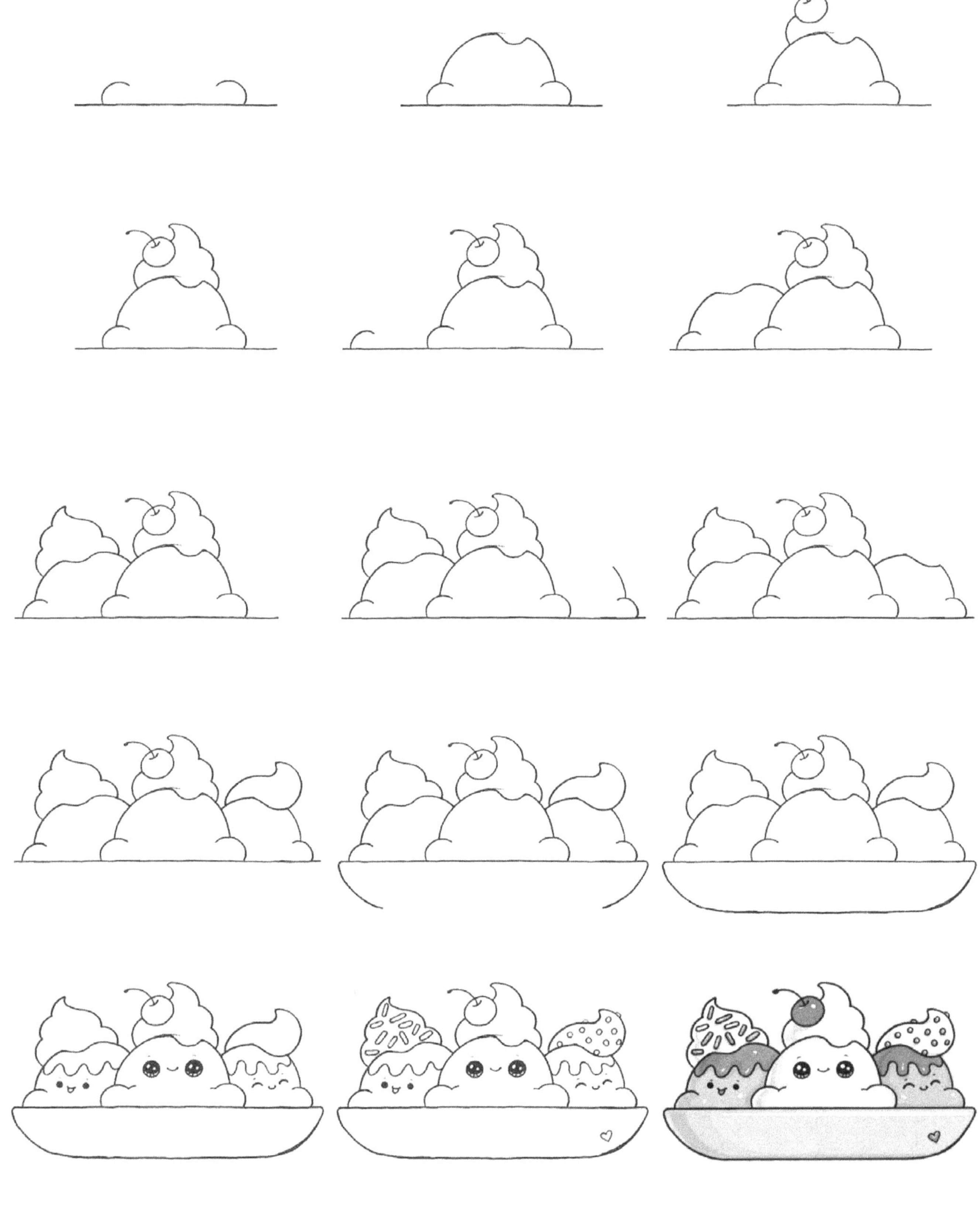

Zeichnen Lernen

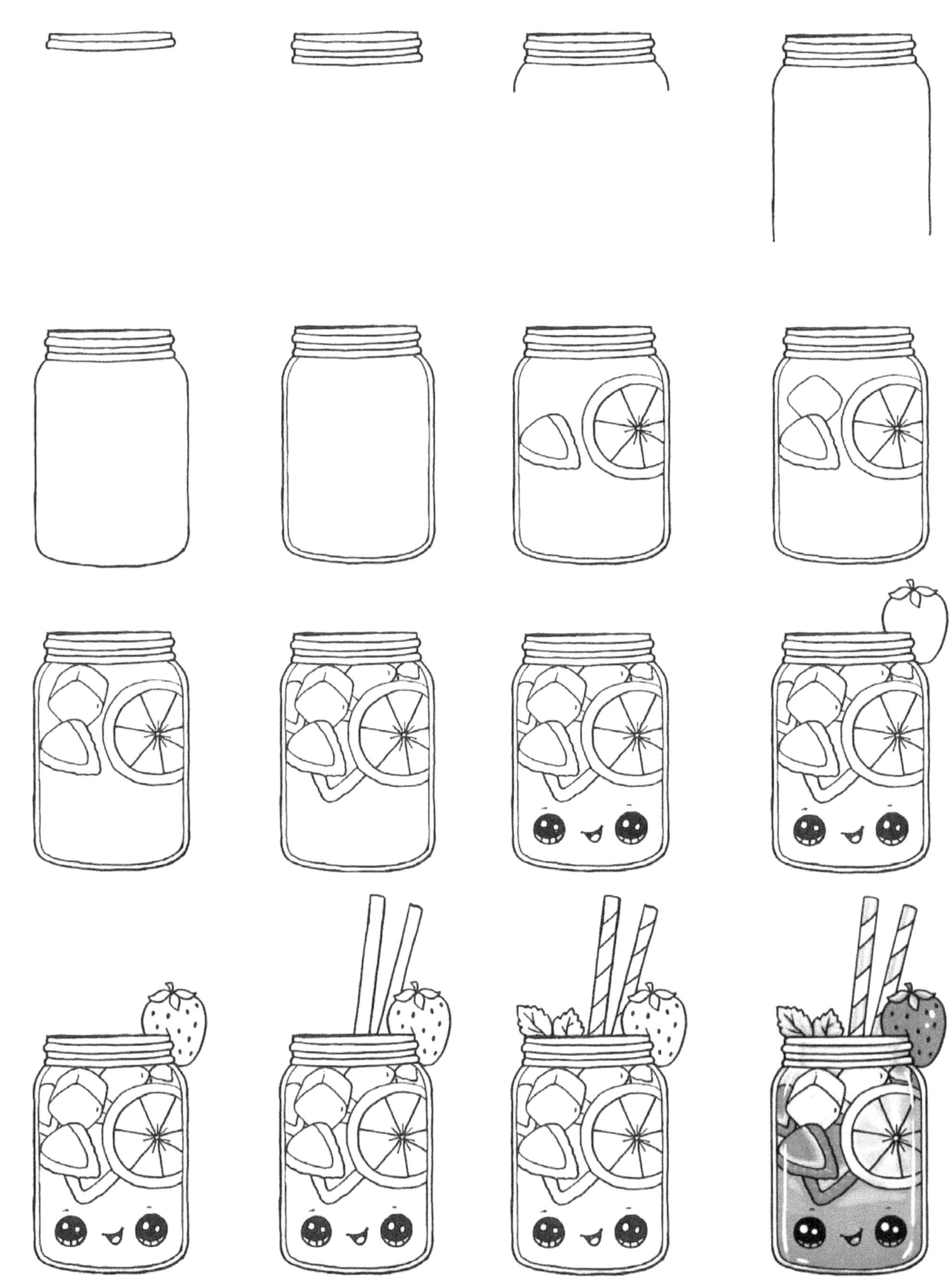

Zeichnen Lernen

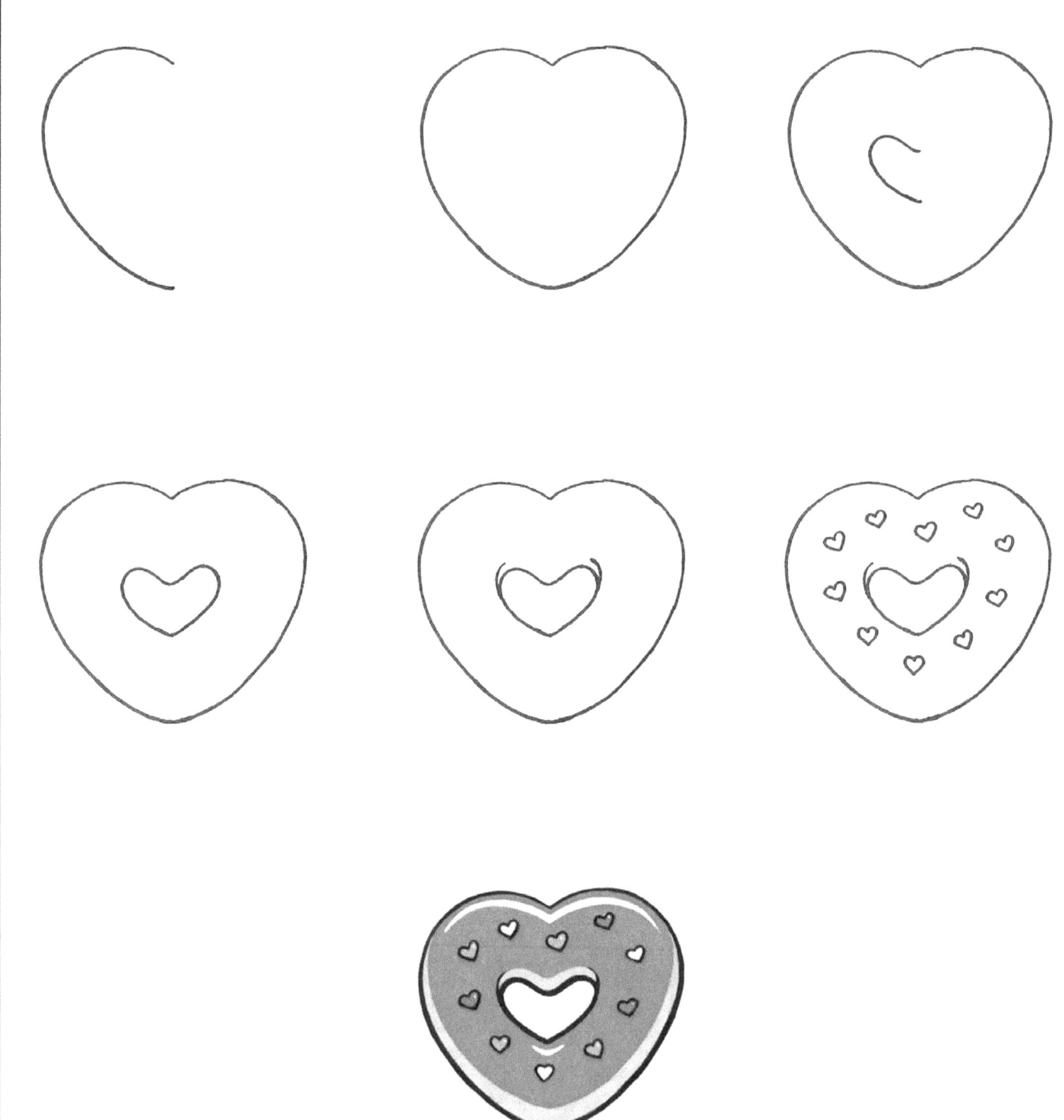

Zeichnen Lernen

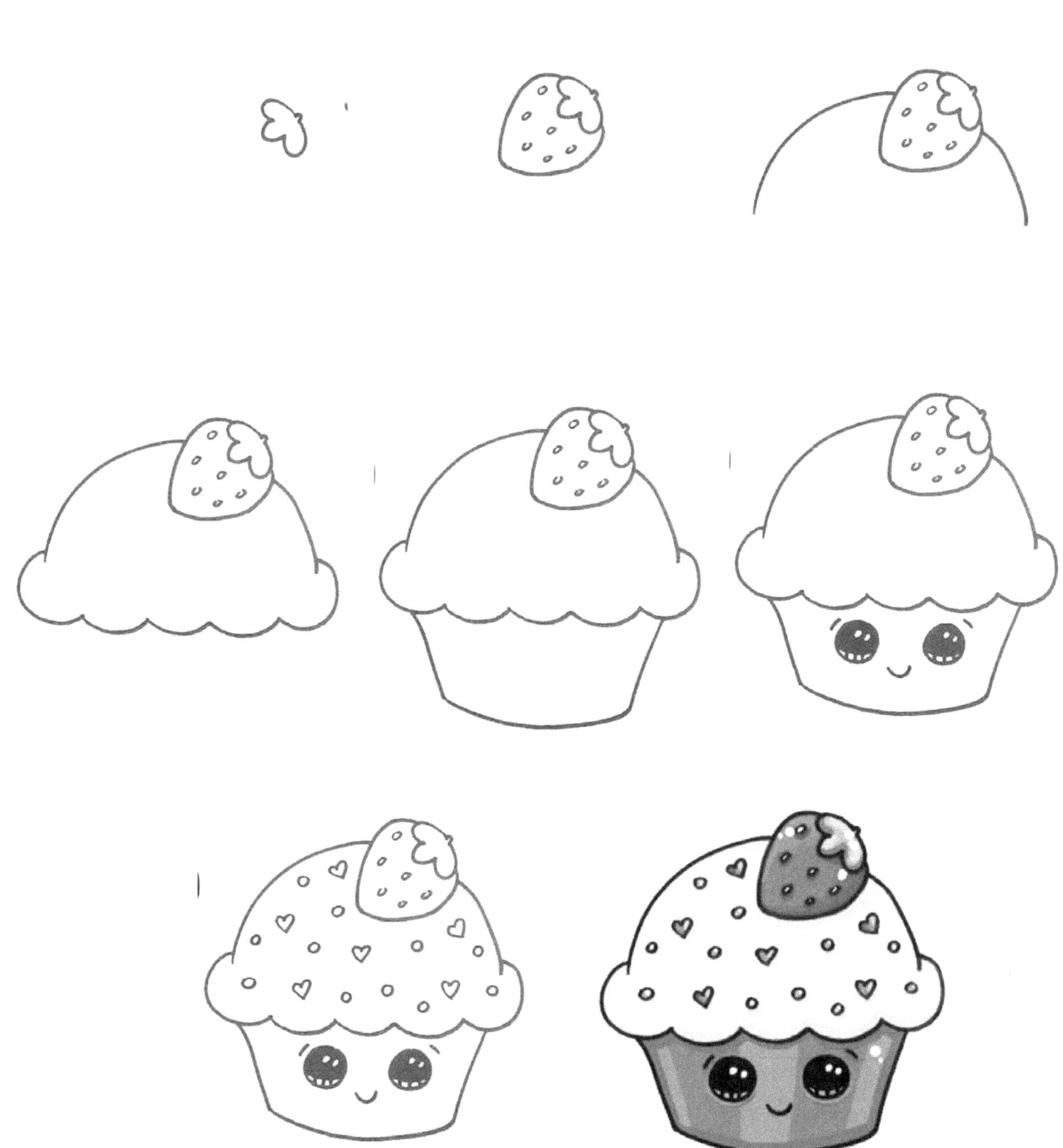

Jetzt Sind Sie Dran!

Zeichnen Lernen

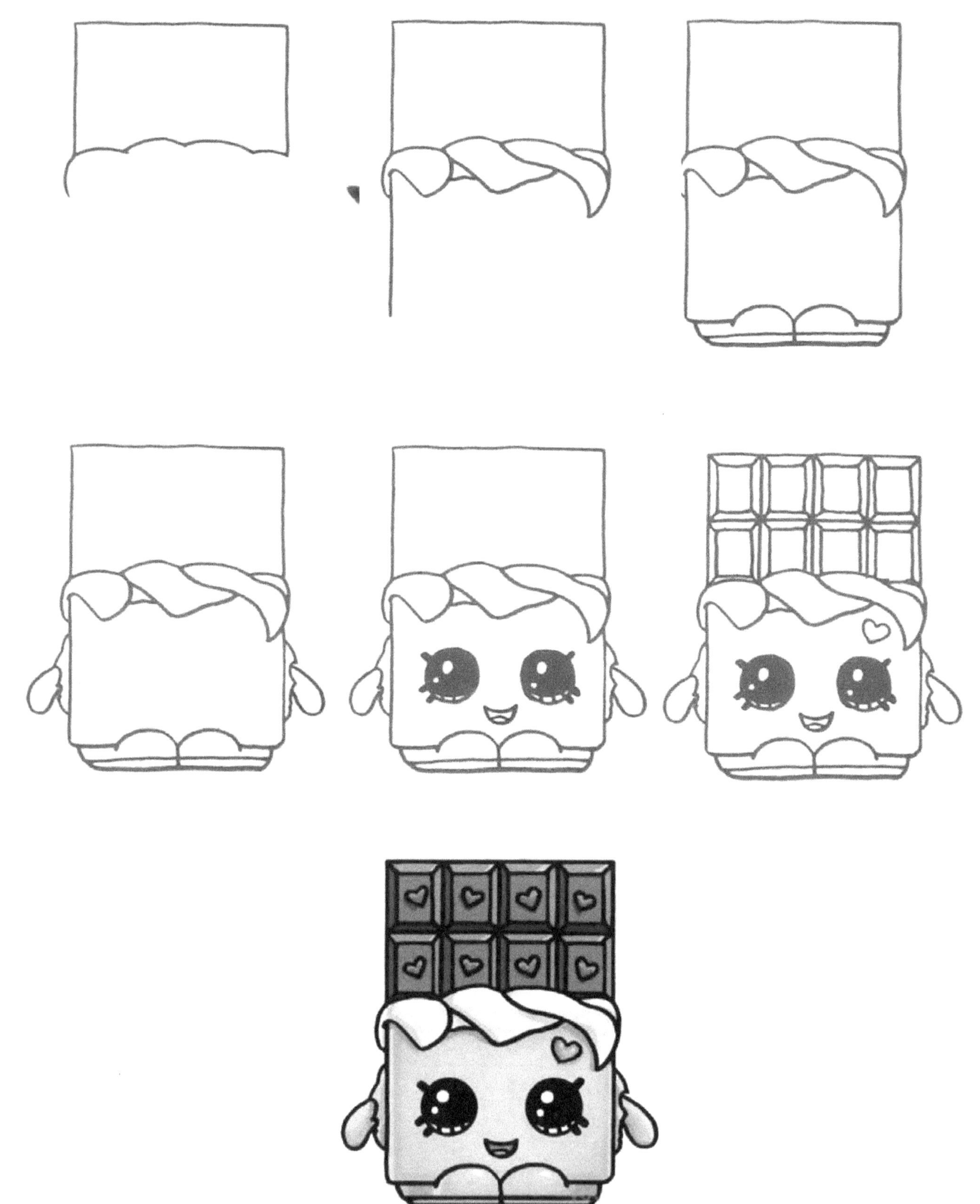

Jetzt Sind Sie Dran!

Zeichnen Lernen

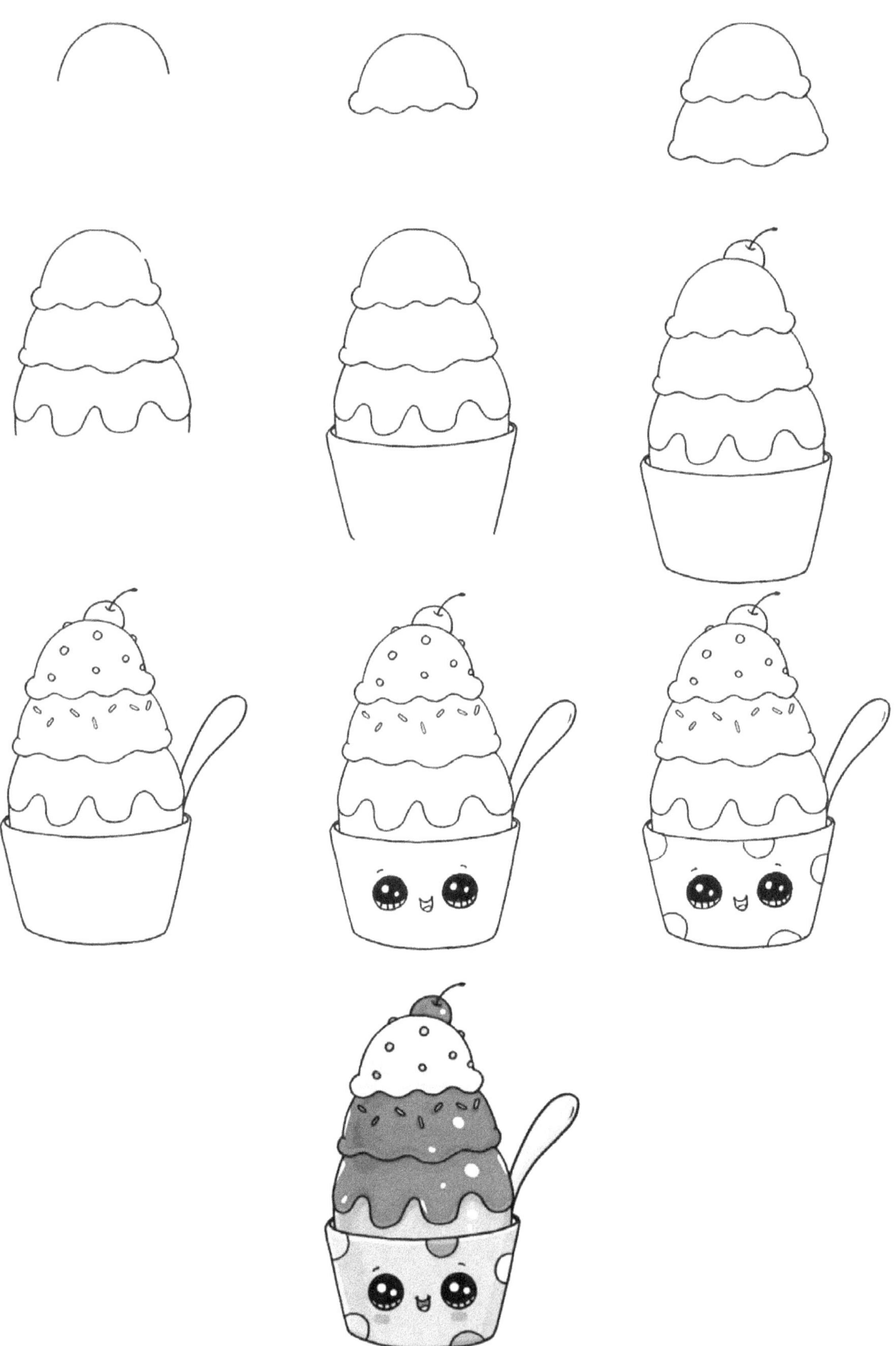

Jetzt Sind Sie Dran!

Zeichnen Lernen

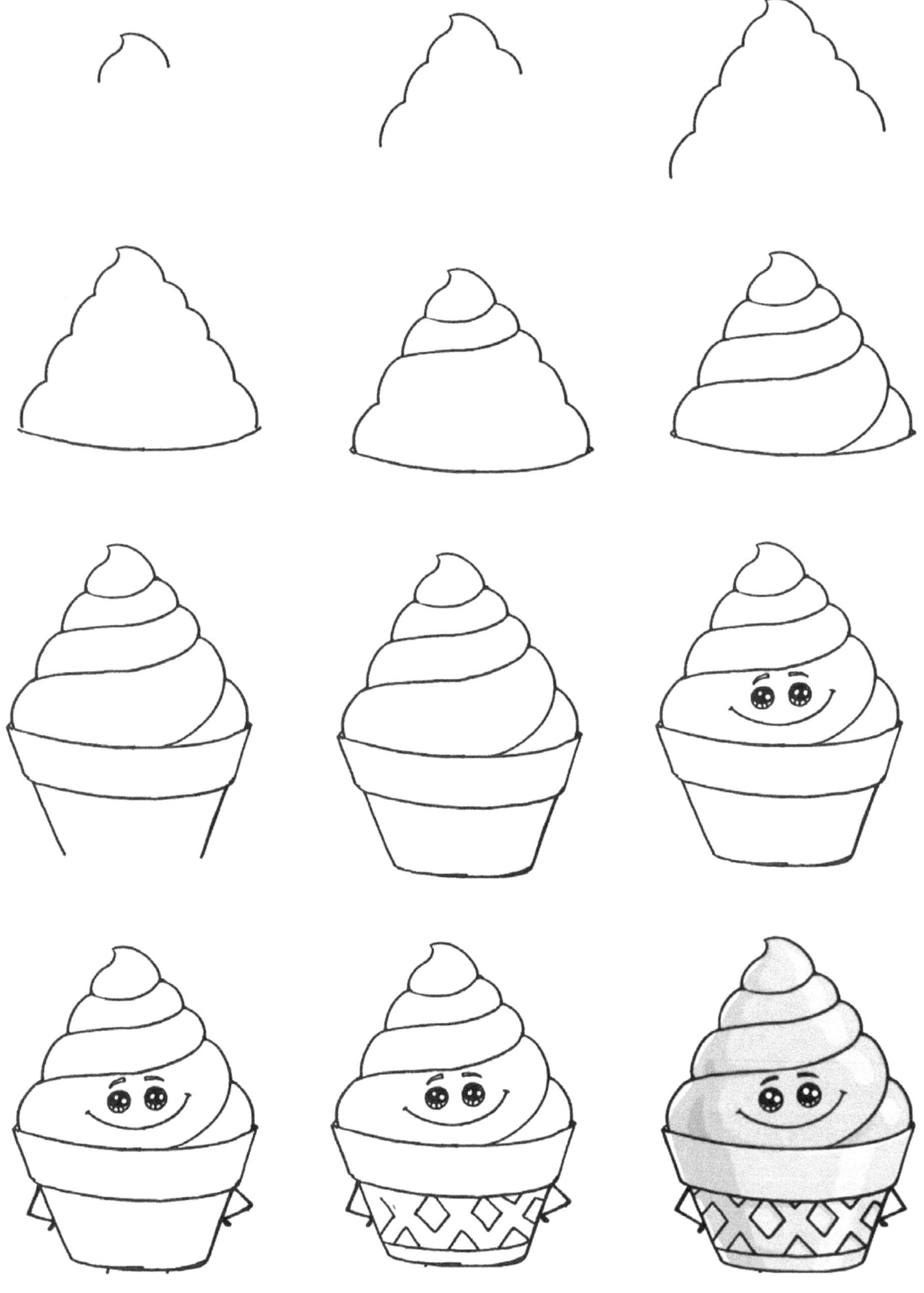

Jetzt Sind Sie Dran!

Zeichnen Lernen

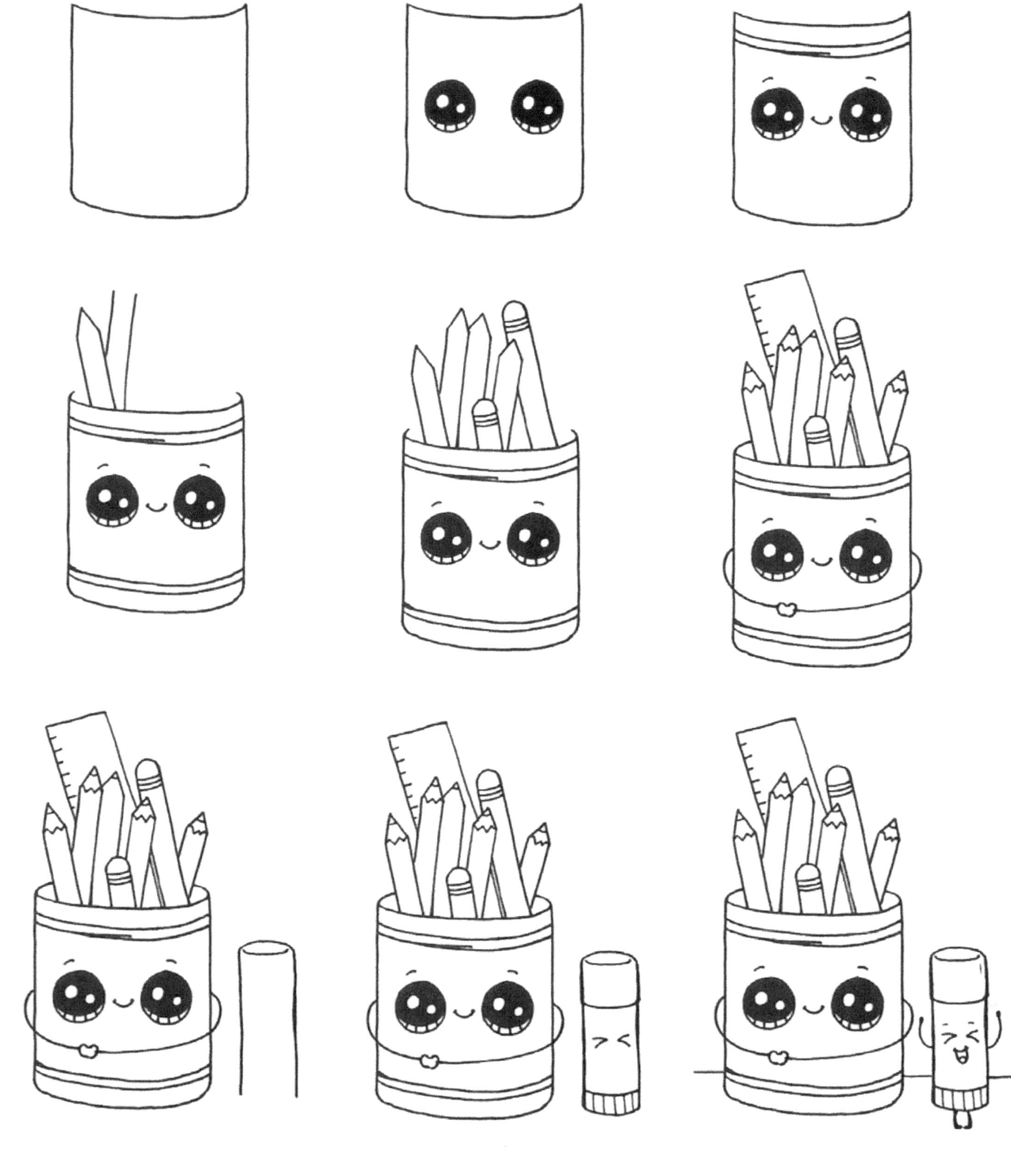

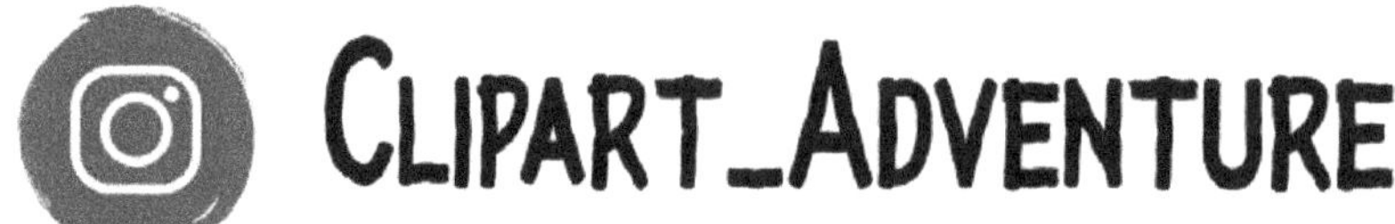
CLIPART_ADVENTURE